Voltaire

Der unwissende Philosoph

Voltaire

Der unwissende Philosoph

ISBN/EAN: 9783743315068

Hergestellt in Europa, USA, Kanada, Australien, Japan

Cover: Foto ©ninafisch / pixelio.de

Manufactured and distributed by brebook publishing software (www.brebook.com)

Voltaire

Der unwissende Philosoph

Der unwissende Philosoph.

Aus dem Französischen
von
Voltaire.

de Voltaire

Berlin und Leipzig
bey Johann Georg Mößle.
1785.

Der unwiſſende Philoſoph.

Erſter Zweifel.

Wer biſt du? woher kömmſt du? was macheſt du? was ſoll aus dir werden? — Lauter Fragen, die man jedem Weſen dieſes Weltalls vorlegen mag, und die uns jedes unbeantwortet laſſen wird.

Ich frage die Pflanzen, welche Kraft ſie wachſen mache? und durch welche Fügung das nemliche Erdreich ſo manichfältige Früchte hervorbringt? Dieſe ſtummen, empfindungsloſen Weſen, wenn ſchon jedes mit einer göttlichen Eigenſchaft begabet, laſſen mich in meiner Unwissenheit und in meinen leeren Muthmaſſungen.

Nun wend' ich mich an die verſchiedenen Geſchlechter der Thiere, die alle Bewegung haben und mittheilen, die, wie ich, empfinden, mit ſelbſteigenen Begriffen, dem Gedächtniſſe und allen Leidenſchaften verſehen ſind. Sie wiſſen noch weniger, als ich, was ſie machen, warum ſie ſind, und was aus ihnen werden ſoll.

Es hindert mich nichts zu glauben, daß die Planeten, die unzähligen Sonnen, die den unermäßlichen Raum anfüllen, ebenfalls mit empfindenden und denkenden Weſen bevölkert ſind; aber ein ewiger Schranke ſöndert uns von ihnen ab, und keiner von den Bewohnern einer andern Kugel hat mit uns einige Gemeinſchaft.

Im Schauſpiel der Natur ſagt der Prior zum Chevalier, er ſey der Meinung, daß die Geſtirne für die Erde gemacht wären, und die Erde wie die Thiere für den Menſchen. Allein, da ſich dieſe Erdkugel mit den übrigen Planeten um die Sonne dreht; da die regelmäſſigen und proportionirten Bewegungen der Geſtirne ewig beſtehen können, ohne daß es in ſelben Menſchen giebt; da unſer Planet unzählig mehr Thiere als Menſchen enthält — ſo muß ich denken, der Herr Prior verrathe einen groſſen Antheil von Eigenliebe, ſich ſchmeichelnd, daß alles *) nur um ſeinetwillen gemacht ſey.

---

*) . . . . „Wahrhaftig, dieſe Welt iſt nur ein Punkt, wenn du ſie mit dem übrigen unermäßlichen Raum vergleicheſt; und wie die Philoſophen behaupten, iſt faſt jedes Geſtirn gröſſer. . . . . Und doch ſollte nur ſie bewohnt ſeyn? öde wäre die Luft, und öde wär's im Olimp? Nur ein Dummkopf, oder ein

Ich habe geſehen, daß der Menſch wäh́s
rend ſeines Lebens von allen Thieren aufges
freſſen werden würde, wenn er ohne Verthei-
digung wäre, und daß ihn alle nach ſeinem
Tod auffreſſen. Es wurde mir daher ſchwer,
mich zu überreden, daß die Herren Prior und
Chevalier die Könige der Natur ſeyn dürften.

Ein Sklave von allem, was mich umgiebt; ſtatt zu herrſchen, auf einem Punkte
eingeſchloſſen, von der Unermäßlichkeit um-
rungen, fang' ich an, mich Selbſt durch mich
Selbſt zu ſuchen.

II.

— ein Narr kann ſo was behaupten; vielmehr
iſt zu glauben, daß dort oben weit mehrere
und weit beſſere Weſen leben."

P.

II.
Unſre Schwäche.

Was bin ich weiter, als ein ſchwaches Thier; da ich gebohren werde, hab' ich weder Stärke, weder Erkenntniß, noch Inſtinkt; alle vierfüſſige Thiere können an die Bruſt der Mutter hinkriechen: ich kann es nicht. Ich erhalte keine Begriffe, als dann erſt, wann ich ein wenig Stärke bekomme, und meine Organe ſich zu entwickeln anfangen. Dieſe Stärke nihmt in mir zu bis auf die Zeit, da ſie, indem ſie nicht mehr wachſen kann, ſich mit jedem Tage vermindert. Dieſe Fähigkeit, Ideen zu empfangen, vermehret ſich bis zu ihrem Ziel, und verliehret ſich in der Folge unvermerkt durch die Abnahme.

Durch welche Mechanik geſchieht das Wachsthum meiner Kräfte von Zeit zu Zeit bis zum beſtimmten Ziel? Ich weiß es nicht, und die, ſo ihr Leben damit zubrachten, die Urſache davon aufzuspüren, wissen eben nicht mehr davon, als ich.

Welches ist dieses andre Vermögen, welches die Bilder in meinem Hirn entstehen macht? die sie, meinem Gedächtnisse eindrücket, und daselbst aufbewahret? — Leute, die dafür bezahlet wurden, daß sie es wissen und erklären sollten, haben ohne irgend einen Nutzen darnach geforschet.

Darum glaub' ich, daß wir uns über die ersten Prinzipien alle in der nemlichen Unwissenheit befinden, in der wir uns in unserer Kindheit befinden. *)

III.

---

*) Fast läßt sich von unserm ganzen Leben das sagen, was dieser grosse Philosoph anderswo von der Kindheit saget. „Diese Zeit ist kein Genuß, sondern eine Vorbereitung des Lebens, sie ist ein Vorhof des Gebäudes; der Baum, der keine Früchte getragen hat; die Morgendämmerung eines Tages."

III.
Wie kann ich denken?

Hab' ich aus den Büchern, die seit zweytausend Jahren geschrieben wurden, etwas gelernt? — Sie unterrichten uns wohl einigermaſſen, wie wir denken, aber nur ſelten lehren ſie uns, wie wir verdauen, wie wir gehen. Ich fragte meine Vernunft; ich fragte ſie, was ſie ſey? Allein, die Frage machte ſie immer verwirrt.

Ich verſuchte durch ſie zu erfahren, ob die nemliche Urſache, die mich verdauen, und gehen macht, ob ſie bewirke, daß ich Ideen empfange? Ich habe nie begreifen können, wie, und warum dieſe Ideen verſchwinden, wenn der Hunger meinen Körper geſchwächt hat, und wie ſie wieder aufleben, wenn ich gegeſſen habe?

Ich habe einen so grossen Unterschied unter den Gedanken und der Nahrung — ohne die ich nicht denken könnte — gefunden, daß ich glaubte, es gebe ein Wesen in mir das denkt, und ein andres, welches verdaut.

Indessen, da ich mich immer zu überreden suchte, daß wir unser Zwey seyen, empfand ich sehr nachdrücklich, daß ich nur Eins bin, und dieser Widerspruch beängstigte mich mit allerley Zweifeln.

Ich befragte einige meines Gleichen, die die Erde, unsre gemeinschaftliche Mutter mit grossem Fleiß baueten: ob sie spürten, daß sie Zwey seyen? Ob sie durch ihre Philosophie entdeckt hätten, daß sie ein unsterbliches Wesen besitzen, das aus nichts gemacht ist, das existirt, ohne bemerkt zu werden, das auf ihre Nerven wirkt, ohne sie zu berühren, und das sechs Wochen, nachdem ihre Mutter empfangen hätte, ausdrücklich abgesandt würde, um in ihrem Bauche zu logiren. — Sie hielten mich für einen Lustigmacher, und fuhren fort, ihr Feld zu bebauen, ohne mir zu antworten.

IV.

IV.
Ob's auch nöthig ist, daß ich es wisse?

Da ich demnach sah, daß unzählige Menschen sich nicht im mindesten an dem stossen, was mich beunruhigte, und daß sie, was sie in Schulen erlernet haben, auch nicht von ferne bezweifeln; daß sie über ihre Existenz, die Materie, den Geist, u. s. w. ihren eigenen, festen Glauben haben; da ich sah, daß sie sich wohl gar über das lustig machten, wornach ich mit solcher Begierde forschte — so bin ich auf die Muthmassung verfallen, daß es uns nicht nöthig seyn dürfte, dieses zu wissen. Ich habe gedacht, gewiß hat die Natur jedem Wesen den Antheil gegeben, der ihm zukömmt, und nun müssen wohl die Dinge, die wir mit unserm Verstand nicht erreichen können, auch nicht unser Antheil seyn? — Indessen, ob ich schon hierüber alle Hoffnung aufgab, erstarb demungeachtet das Verlangen nicht in mir, unterrichtet zu werden, und so sehr sich auch meine Neugierde fast bey iedem Schritt betrogen findet, so ist sie doch unterschtlich. *)

V.

*) Es würde äusserst betrübt für die Menschheit seyn, wenn sie der Gedanke, daß wir nichts wissen, vom Nachforschen abschrecken wollte. Wenn wir klug sind, werden wir nie das Studium aufgeben, aber wir werden uns mit solchen Gegenständen beschäftigen denen unser Geist erwachsen ist. Unsre ganze Lebenszeit, wenn sie auch von noch so langer Dauer wäre, würde doch beyweiten nicht zureichen, um bloß den Wirkungen der Natur nachzuspüren, ohne uns um die Ursache zu bekümmern: Doch glaub' ich, daß es den Philosophen nicht selten wie den Goldmachern geht: sie haben kein Beyspiel vor sich, daß noch einem der Versuch gelungen sey, aber dieses schrekt sie nicht ab, die nemliche Bahne zu betretten.

V.

Aristoteles, Descartes, Gassendi.

Aristoteles sagt: die Ungläubigkeit sey die Quelle der Weisheit. Descartes hat sein Urtheil über diese Meinung zurückgehalten, und beyde belehrten mich, nichts von dem zu glauben, was sie sagten.

Descartes sonderheitlich, indem er den Zweifler affektirt, spricht sehr entscheidend von dem, was er nicht versteht; er ist seiner Sache vollkommen gewiß, und höchstens könnte man ihm vorwerfen, daß er sich gewaltig in der Physik irre. In der That, der gute Mann hat eine so eingebildete Welt gebauet, seine Wirbel, seine drey Elemente sind so besonders lächerlich, daß ich auf alles, was er mir über die Seele sagt, ganz mißtrauisch seyn muß, nachdem er mich einmal in Ansehung des Körpers so sehr hintergangen hat.

Er

Er glaubt, oder giebt zum mindesten vor zu glauben, daß wir mit methaphysischen Gedanken gebohren werden; ich möchte eben so lieb sagen, daß Homer mit seiner Iliade im Kopf gebohren ward. Es mag ganz richtig seyn, daß Homer mit einem also zusammengesetzten Hirn gebohren wurde, daß er nachdem es in der Folge mit so schönen, so zusammenhangenden, und so erhabenen poetischen Ideen bereichert ward, daraus die Iliade verfertigte. Wir erhalten bey unsrer Geburt den Keim von allem, was sich nachher in uns entwikelt, aber wir haben eben so wenig wirklich angebohrne Ideen, als Raphael oder Michael Angelo Pinsel und Farben mit auf die Welt brachten.

Descartes um die mancherley und zerstreuten Theile seiner Schimären in ein Ganzes zu knüpfen, nahm an, daß der Mensch immer denke; ich möchte mir vielmehr einbilden, daß die Vögel nie zu fliegen, die Hunde nie zu laufen sen aufhören, weil — diese die Eigenschaft zu laufen, und jene zu fliegen besitzen.

So wenig man auch immer seine eigene, und des Menschengeschlechts Erfahrung zu Rathe zieht, so ist man doch nur gar zu wohl vom Gegentheil überzeugt. Niemand wird so närrisch seyn, fest zu glauben, daß er die ganze Zeit seines Lebens gedacht habe, Tag und Nacht ohne aufzuhören, von seiner Geburt an bis zum Tod.

Diejenigen, die diesem Roman in allem Ernste vertheidigen wollten, suchten sich damit herauszuhelfen, daß sie vorschützten: der Mensch denke immer, aber nicht immer sey er sich dessen bewußt. Ich glaube, es liesse sich weit leichter sagen, daß man esse, trinke, reite, fahre, ohne es zu wissen. Wenn wir uns nicht bewußt sind, daß wir Ideen haben, wie können wir behaupten, daß wir welche haben? — Gassendi spottete, wie es billig war über
die-

dieses ausschweifende System; aber wißt ihr, was daraus entstand? man erklärte sowohl den Gassendi, als Descartes für — Atheisten. *)

VI.

*) Die Theologen, die von jeher immer lieber verdammten, als widerlegten, haben dergleichen Prozesse kurz und gut geendiget; nur möchte man mit dem Nathan fragen: wo siekt den das G u t e ?

b

VI.

Die Thiere.

Daraus, daß die Menschen glaubten, sie hätten immerwährende Ideen, Vorstellungen, und Begriffe, würde natürlich folgen, daß sie die Thiere auch haben. Es kann nicht widersprochen werden, daß der Jagdhund die Idee des Herren habe, dem er angehört, und des Wildpräts, das er ihm zubringt. Es ist evident, daß er Gedächtniß habe, und daß er gewisse Ideen mit einander vergleiche. Wenn demnach das Denken bey dem Menschen aus der Wesenheit seiner Seele fließt, so muß das Denken des Hundes demselben nicht weniger wesentlich seyn; und folglich, wenn der Mensch immer Ideen hätte, so wär' es nöthig, daß sie die Thiere ebenfalls beständig hätten. Dieser Beschwerde abzuhelfen, hat der Erfinder der Wirbel, und der der hohlen Materie zu sagen beliebt, daß die Thiere bloße Maschinen seyen, die ihren Fraß suchen, ohne Hunger zu
ha=

haben, die Empfindungsorganen haben, um nie das mindeste zu empfinden, die schreyen, und wehklagen, ohne Schmerz zu verspüren, die Zeichen der Freude von sich geben, ohne das Vergnügen zu kennen, die ein Hirn haben, um keine Ideen darinnen zu fassen — die daher ein ewiger Widerspruch sind.

Dieses System ist zwar an und für sich nicht minder lächerlich, als daß andere, aber anstatt es für eine Ausschweifung des Geistes anzusehen, verschrie man es als eine Gottlosigkeit; man behauptete, dieses System streite wider die Schrift, woselbst im Buche Genesis gesagt wird: daß Gott mit dem Thieren einen Vertrag gemacht habe, kraft dessen er von ihnen das Blute der Menschen zurückfordern würde, die sie sich unterstünden zu beissen, oder gar aufzufressen. *)

---

*) B. Denn ich will das Blut eurer Seelen von der Hand aller Thiere fordern. 9. K. 5. B.

Welches klar vorausſetzt, daß die Thiere Verſtand, und Erkenntniß des Guten und Böſen haben.

———

VII.

VII.
Die Erfahrung.

Die heilige Schrift soll keineswegs in philosophische Streitigkeiten gemenget werden; *) derley Dinge sind zu heterogen, und haben keinen Bezug auf selbe. Eigentlich ist es hier bloß darum zu thuen, daß wir untersuchen, was wir durch uns selbst wissen können, und dieses ist allerdings sehr wenig. Wie müßten gerade zu der allgemeinen Uibereinstimmung widersprechen, wenn wir nicht zulassen wollten, daß wir nichts wissen, als durch die Er-

---

*) Freylich wohl sind die Theologen nicht sonderlich damit zufrieden; denn obgleich die Schrift nicht wider die Philosophie ist, so wird es doch den Auslegern derselben leichte, mancherley Stellen also zu verdrehen, daß man denken sollte, Gott habe durch eine partikuläre Offenbahrung dem Menschen verbieten wollen, was er ihm durch die allgemeine anbefohlen hat.

fahrung; und wahrhaftig, da wir nur durch Erfahrung, und durch eine Reihe von Zweifeln und anhaltenden Betrachtungen dahin gelangen, daß wir uns einige dunkle und schwache Ideen vom Körper, vom Raum, von der Zeit, von Gott formiren können, dürfte sichs wohl der Mühe lohnen, daß der Urheber der Natur diese Ideen dem Hirn aller Geburten eindrücken soll, da doch nur eine sehr kleine Anzahl Menschen davon Gebrauch machen würde.

Wir sind in Ansehung unseres Wissens gerade das, was die unwissenden Liebenden Daphnis und Kloe waren, derer Liebe und kindische Versuche uns der Poet Longus abgemalet hat. Sie brauchten lange Zeit, bis sie erriethen, wie sie ihre Begierden befriedigen sollten, weil ihnen die Erfahrung mangelte; das nämliche begegnete dem Kaiser Leopold, und dem Sohn Ludwig des XIV — man mußte sie unterrichten. Wenn sie angebohrne Ideen ge=

habt

habt hätten, so müßte man glauben, die Natur habe ihnen doch wohl nicht die erste, und einzige nothwendige, die Erhaltung des menschlichen Geschlechtes, versaget

VIII.

Substanz.

Da wir keine Kenntniß haben, als durch die Erfahrung, so ist es unmöglich, daß wir jemals wissen können, was die Materie ist. Wir berühren, wir sehen die Eigenschaften dieser Substanz, allein, selbst dieses Wort Substanz — will sagen — das Endlichste, Lezte, zeiget schon an, daß dieses Lezte uns für allezeit unbekannt seyn wird. Was wir auch immer, so zu sagen, von der Schalle entdecken werden, so wird uns doch der Kern selbst stäts ein Geheimniß bleiben.

Aus eben diesem Grund werden wir nie durch uns selbst wissen, was der Geist ist. Eigenlich ist es ein Wort, welches nichts weiter sagen will, als ein Hauch, ein Athem; aber wir sind gelehrt genug damit jenes mächtige Triebrad zu bedeuten, welches uns denken macht. Indessen sollten wir auch schon

durch

durch ein Wunder, was doch nicht vorauszusezen ist, eine schwache Idee von der Substanz des Geistes haben, so werden wir doch darum noch immer am alten Fleke stehen, und nie werden wir ergründen können, wie diese Substanz Empfindungen und Gedanken erhält. Wir wissen ganz wohl, daß wir ein bischen Verstand haben, allein, wie wir ihn haben, ist ein tiefes Geheimniß der Natur, daß sie keinem Sterblichen aufschließt. *)

IX.

*) Gewiß ich bewundre den grossen Loke nicht weniger als V., wenn er sagt: daß wir das Licht der Vernunft niemal genug wissen werden, um behaupten zu können, daß Gott dem Wesen, das wir Materie nennen, das Empfindungs- und Denkungsvermögen nicht mittheilen könne.

IX.

Enge Gränzen.

Unser Verstand ist sehr begränzt, so wie unsre körperlichen Kräfte. Es giebt Leute die stärker sind als andere, und eben so könnte man sagen, daß es auch Herkulesse *) im Denken giebt, allein ein solcher Vorzug will noch immer sehr wenig zu bedeuten haben. Dieser wird zehnmal mehr Gewicht heben, als ich; ein andrer wird bloß im Kopf eine Division von fünf Zifern machen können, indeß ich sie mit dreyen, höchstens vieren versuchen darf. Darinn bestehet aber auch der ganze so erstaunliche Vorzug; allein, welche enge Gränzen sind selbst diesem gesteckt, welches

---

*) Jeder kann die Erfahrung an sich selbst anstellen, daß es mit dem Denken die nemliche Beschaffenheit hat, wie der Stärke, es kömmt bey einem sowohl, wie beym andern auf die Organisation und die Uebung an.

ches daherrühret, weil in denjenigen Wissenschaften, die aus der Gegeneinanderhaltung der Dinge bestehen, kein Mensch, nachdem er sich nach seinen ganzen Kräften in selben geübet, und dazu geschickt gemacht hat, darauf kömmt, welchen Fortgang er gemacht hat, oder welche Stuffe er wird ersteigen können. Er steht still an der Gränze seines Wissens. Und nothwendig ist es allerdings, daß es also sey, denn sonst würden wir von Stuffe zu Stuffe bis in's Unendliche fortgehen.

X.
Unmögliche Aufschlüsse.

In dem engen Raum, in dem wir eingeschlossen sind, sehen wir also, daß wir verurtheilet sind, nichts zu wissen, und daß der ganze Reichthum unsers Geistes in einer sehr beschränkten Erkenntniß besteht. Wir haben schon gesehen, daß jedes erste Triebrad, jedes erste Prinzipium für uns nicht gemacht seyn kann.

Warum gehorcht mein Arm meinem Willen? — Wir sind so sehr an diese unbegreifliche Erscheinung gewöhnt, daß wir fast gar nicht darauf achten; ja, wenn wir die Ursache einer so allgemeinen Wirkung aufsuchen wollen, so finden wir, daß es zwischen unserm Willen und unserm Gehorsam etwas wirklich Unendliches gebe, will sagen, daß zwischen dem einem und dem andern ganz kein

Verhältniß statt finde, weder irgend eine Ursache, oder ein anscheinender Grund; und wir lernen einsehen, daß, wenn wir auch eine Ewigkeit darüber nachdenken wollten, uns doch noch nicht der mindeste Strahl von Wahrscheinlichkeit beleuchten würde.

XI.

XI.

Gantz und gar keine Hoffnung?

Beym ersten Schritt also schon aufgehalten, vergebens uns um uns selbst herumschlingend, erschrecken wir darüber, daß wir uns immer suchen, und niemals finden. Keiner unsrer Sinne ist uns erklärbar.

Zwar wissen wir ungefähr durch Beyhilfe des Dreyekes, daß die Erde beyläufig dreissig Millionen unsrige grosse geometrischen Meilen von der Sonne entfernet ist; was aber die Sonne sey? und warum sie sich um ihre Axe drehe? und warum in einem Verstand mehr, als im andern? und warum sich Saturn und wir uns um dieses Gestirn mehr von West gegen Ost, als von Ost gegen West drehen? — Ueber diese Fragen, werden wir uns nie befriedigen können, und eben so wenig werden wir die Möglichkeit einsehen, uns je auch nur eine physische Ursache davon anzugeben. Warum? weil die Auflösung dieses Räthsels in der ersten Ursache versteckt liegt.

Es verhält sich mit dem, was in uns wirkt, wie mit den Wirkungen in dem unendlichen Raum der Natur. Es giebt in der Ordnung der Gestirne und in der Zusammensetzung einer Schabe, so wie des Menschen eine Endursache, die uns zu ergründen nothwendig untersagt ist. Denn wenn es uns erlaubt wäre, unsern ersten Ursprung zu erkennen, so wären wir Herren davon, wir wären selbst Götter. — Lasset uns diese Idee erklären, und untersuchen, in wieweit sie wahr ist.

Wir wollen annehmen, daß wir aus der Wirkung die Ursache unsrer Empfindungen, unsrer Gedanken, unsrer Bewegungen abnehmen, so wie wir aus den Gestirnen die Ursache der Finsternisse und die verschiedenen Phasen des Mondes und der Venus abnehmen.

men. Es wäre klar, daß wir alsdann unsre Empfindungen, Gedanken, Begierden, so wie das Resultat derselben vorhersagen könnten, — gleichwie wir die Phasen und Finsternisse vorhersagen. Wenn wir dennoch erkennen würden, was morgen in unserm Innern vorgehen muß, so würden wir durch die Kraft dieses Mechanismus klar sehen, welche angenehme, oder unangenehme Affekte auf uns warteten. Wir haben einen Willen, der bestimmen kann, weil wir in mehreren Umständen unsre Gemüthsbewegungen nach demselben einrichten. Ich fühle mich, z. B. zum Zorn aufgelegt, allein durch meine Betrachtung und meinen Willen vermag ich diesen angebohrnen Fehler zu unterdrücken. Wenn ich die Endursachen kennete, so würde ich alle Neigungen, zu denen ich aufgelegt bin, für morgen sehen, so wie die ganze Reihe von Ideen, die auf mich wartet; ich könnte über diese Reihe von Ideen und Empfindungen die nemliche Macht ausüben, die ich manchmal über

über die wirklichen Empfindungen und Gedanken ausübe, indem ich sie zurückjage und unterdrücke. Ich würde mich vollkommen in dem Fall aller Menschen befinden, die die Bewegung einer Uhre, eines Schiffes, oder aller bekannten Maschinen nach Willen beschleunigen und abkürzen können. Indem ich Herr meiner Ideen wäre, die mir für morgen bestimmt sind, so würde ich ein solcher auch für den folgenden Tag, so würd' ich es für meine ganze Lebenszeit seyn; ich würde daher immer über mich selbst allmächtig seyn können, würde mein eigner Gott seyn. Ich fühle nur zu gut, daß dieser Zustand sich nimmermehr mit meiner Natur verträgt; darum schließ' ich, wird es unmöglich seyn, daß ich die Endursachen erkennen kann, die mich denken und handeln machen.

———

XII.

XII.
Zweifel.

Was meiner so schwachen und so begränzten Natur, die eine so kurze Dauer hat, unmöglich ist, ist dieses eben sowohl in andern Welten unmöglich? unmöglich in anders gearteten Wesen? giebt es derley Wesen mit höheren Verstandeskräften, die eine unumschränkte Gewalt über alle ihre Ideen haben? die alles denken und empfinden, was sie wollen? Davon weiß ich nichts; ich kenne nur meine Schwäche, und habe von den Vollkommenheiten andrer Wesen keine Nachricht. *)

XIII.

---

*) „...... Glaubwürdig ist es, daß ihr Ausehn viel anders sey, als das unsrige, und besser und edler. Die himmlische Schaar, die im feinen Aether lebet, gehet nimmer zu Grunde. ...... Auch ist es zu vermuthen, daß sie viel grössere, leichtere, schönere, und stärkere Körper bewohnet."

P.

XIII.

Bin ich frey?

Wir wollen uns noch ferners bey unsrer Existenz aufhalten, wir wollen fortfahren, so viel wir können, uns selbst auszuforschen. Ich erinnere mich, daß mich eines Tages, bevor ich alle diese Fragen an mich that, ein Vernünftler vernünfteln machen wollte. Er fragte mich, ob ich frey sey? Ich antwortete ihm, daß ich sichtbarlich nicht eingesperret sey, daß ich den Schlüssel zu meinem Zimmer hätte, daß ich mich in vollkommener Freyheit befände. Das ist es nicht, was ich Sie frage, versetzte er: Glauben Sie, daß Ihr Wille die Freyheit hat zu wollen, oder nicht zu wollen, sich über's Fenster zu stürzen? glauben Sie mit dem englischen Leßter, daß die freye Willkühr in dem Vermögen zu verlangen bestehe, und daß diese freye Willkühr durch die Sünde verlohren gehe? — Ich sah meinem Mann steif in die Augen, ob ich in selben nicht die Verwirrung seines Geistes lesen würde, und antwortete ihm sehr offenherzig, daß ich von seinem Galimatias nichts verstünde.

Indessen interessirte mich doch die Frage des Menschen über die Freyheit sehr lebhaft. Ich las hierüber allerley Scholastiker, und tappte im Finstern herum. Ich las den Loke, und empfieng einiges Licht, ich las das Werk des Colin, der mir den Loke vervollkommet zu haben schien, und ich habe nach der Hand nichts weiter gelesen, was mir einen neuen Grad von Aufklärung hierüber ertheilet hätte. Alles, was meine schwache Vernunft erkennet hat, verdank' ich diesen grossen Männern, den einzigen, die meines Wissens sich selbst studiret haben, indem sie über diese Materie schrieben, den einzigen, die hinwieder für andere zum Studium geworden sind.

Nichts ist ohne Ursache: Eine Wirkung ohne Ursache ist eine offenbare Absurdität, So oft ich will, kann es nicht geschehen, als Kraft meines Urtheils, das nun gut oder schlecht seyn mag; dieses Urtheil ist nothwendig, folglich ist auch mein Wille nothwendig. Wahrlich, es wäre doch sonderbar, da die ganze Natur, da alle Gestirne ewigen Gesetzen gehorchen, daß ein armseliges, kleines Thier von etwa fünf Jahren zum Hohn dieser Gesetze handeln kann, wie es will, bloß nach seiner Kaprize. Es würde nach dem Ungefähr handeln, und wir wissen, daß es kein Ungefähr giebt. Wir haben dieses Wort erfunden, um die bekannte Wirkung aller unbekannten Ursachen auszudrücken.

Meine Ideen kommen nothwendig in mein Hirn, wie soll mein Wille, der davon abhängt, frey seyn? Ich fühl' es in tausend Gelegenheiten, daß dieser Wille nicht frey ist; so, wenn mich eine Krankheit beschwert, wenn

mich

mich eine Leidenschaft dahinreißt, wenn mein Urtheil auf die Gegenstände, die mir vorgestellet werden, nicht Acht haben kann, u. s. w. Ich muß demnach denken, daß die Gesetze der Natur immer die nämlichen sind, und mein Wille ist nicht mehr frey in Dingen, die mir vollkommen gleichgültig scheinen, als in Sachen, wo ich mich mit einer unüberwindlichen Stärke überwältiget finde.

Wahrhaft frey seyn, ist die Macht thun zu können, was man will: seht meine Freyheit! aber ich will nothwendig, was ich will, ansonst würde ich ohne Grund, ohne Ursache wollen — was nicht seyn kann. Meine Freyheit besteht darinn, daß ich gehen kann, wenn ich will, und daß ich mich derselben nicht bedient habe.

Meine Freyheit besteht darinnen, keine böse Handlungen zu begehen, wenn sich mein Geist selbe als nothwendig böse vorstellt; eine
Lei-

Leidenschaft zu besiegen, wenn mein Geist den daraus erwachsenden Schaden betrachtet, und das Schreckliche dieser Handlung meine Begierde mit Uebermacht niederdrückt. Wir können unsre Leidenschaften besiegen (wie ich bereits im IV. Paragraph gezeiget habe) aber indem wir unsre Begierden unterdrücken, sind wir eben so wenig frey, als da wir uns von unsern Neigungen dahinreissen lassen; denn in einem Falle, wie im andern folgen wir unwiderstehlich der letzten Idee, und diese letzte Idee ist nothwendig, folglich thu' ich nothwendig, was sie mir sagt. Es ist seltsam, daß die Menschen mit dieser Art von Freyheit nicht zufrieden sind, will sagen, mit dem Vermögen, das ihnen die Natur zugestanden hat, thuen zu können, was sie wollen. Den Gestirnen ist es versagt, wir besitzen es, und unser Stolz macht uns manchmal glauben, daß wir noch mehr besitzen. Wir bilden uns ein, daß wir eine unbegreifliche und höchst absurde Gabe haben, zu wollen, ohne irgend

einen

einen andern zureichenden Grund, ohne irgend ein anderes Motivum, als das zu wollen — wie im XXIX. Paragraph zu lesen seyn wird.

Nimmermehr ist es dem Dr. Clarke zu verzeihen, daß er mit so wenig Offenherzigkeit jene Wahrheiten unterdrückte, die er doch so tief fühlen mußte, und die sich sogar nicht mit seinem System zu vertragen scheinen. Es ziemt einem Philosophen seiner Art nicht, einen Colin der Sophisterey wegen zu belangen, und nachdem er ihm den Sinn seiner Meinung verdrehet hatte, ihm auszustellen, daß er den Menschen ein nothwendig handelndes Wesen nenne. Wirkend, oder leidend, was trägt das dazu bey? Wirkend, wenn es sich freywillig bewegt; leidend, wenn es Ideen empfängt. Was hat denn der Name zur Sache? Der Mensch ist durchgehends ein dependentes Wesen, so wie die innere Natur abhängig ist, und er kann von andern Wesen nicht ausgenommen werden. Der

Der Prediger im Samuel Clarke unterscheidet sehr unphilosophisch die physische und moralische Nothwendigkeit. Doch, was ist die moralische Nothwendigkeit? Es wird euch wahrscheinlich scheinen, daß eine Königinn von England, die man krönet und in der Kirche einweihet, sich ihrer Kleider nicht entladen wird um ganz nackt vor dem Altare zu erscheinen, wie man eine ähnliche Begebenheit von einer Königinn aus Kongo erzählet. Ihr nennet dieß eine moralische Nothwendigkeit einer Königinn unsers Klima; allein, ist nicht selbst dieses eine physische, ewige Nothwendigkeit, unzertrennlich von den Gesetzen der Dinge? — Es ist eben so sicher, daß jene Königinn nicht so närrisch seyn wird, als es sicher ist, daß sie einmal sterben wird. Es giebt keinen Unterschied unter der Nothwendigkeit und dem Ungefähr. Die moralische Nothwendigkeit ist nichts weiter, als ein Wort; alles, was geschieht, ist absolut nothwendig; ihr wißt, daß es kein Ungefähr giebt, folglich

lich ist alles, was geschieht, unumgänglich nothwendig.

Um eine nützliche Sache zu verwirren, hat man dafürgehalten, man müsse noch eine sehr gelehrte Distinktion zwischen der Nothwendigkeit und dem Zwang machen. Aber im Grunde ist wohl der Zwang nichts anders, als eine Nothwendigkeit, der man sich bewußt ist; und die Nothwendigkeit ein Zwang, dessen man sich nicht bewußt ist. Archimedes ist eben sowohl gezwungen, in seinem Zimmer zu bleiben, wenn selbes verschlossen ist, als, wenn ihn die Auflösung eines Problems so ganz beschäftiget, daß ihm die Idee zu gehen nicht beykömmt.

Ducunt volentem fata, nolentem trahunt.

XIV.
Ist alles ewig?

Gebunden an die ewigen Gesetze, wie alle Kugeln, die den Raum anfüllen, wie die Elemente, die Thiere, die Pflanzen, betracht' ich mit Erstaunen alles, was mich umgiebt. Ich suche, wer mein, und der Urheber dieser unermäßlichen Maschine ist, wovon ich kaum das kleinste Rädchen bin. Ich bin nicht aus nichts entstanden; denn die Substanz meines Vaters und meiner Mutter, die mich neun Monate in ihrer Bährmutter herumtrug, ist etwas. Es ist evident, daß der Saamen, der mich hervorgebracht hat, nicht aus nichts hat herfürgebracht werden können. Denn, wie soll Nichts Etwas herfürbringen? Ich unterwerfe mich diesem Grundsatze nach dem ganzen Alterthum: Von Nichts kömmt nichts; aus Nichts kann nichts werden.

Dieses

Dieses Axiom ist von einer solchen Stärke, daß es meinen ganzen Verstand fesselt, ohne daß ich mich dagegen sträuben kann. Kein Philosoph hat sich davon entfernt, alle Gesetzgeber, welche sie auch waren, haben es bezeugt. Das Cahut der Phönizier, das Chaos der Griechen, das Tohu Bohu der Kaldäer und Hebräer, alles bezeuget uns, daß man von jeher an die Ewigkeit der Materie glaubte.

Meine Vernunft, durch diese so alte und allgemeine Idee vielleicht hintergangen, sagt mir: Es ist nothwendig, daß die Materie ewig sey, weil sie existirt. Wenn sie gestern war, so war sie auch schon vorher, ich sehe keine Wahrscheinlichkeit, daß sie zu seyn angefangen habe? keine Ursache, warum sie nicht gewesen seyn soll? keine Ursache, warum sie ihre Existenz gerade in dieser, und nicht in einer andern Zeit bekommen kann? Ich weiche also dieser Überzeugung, sie sey gegründet,

oder

oder nicht, und ich nehme die Meinung der ganzen Welt an, bis ich etwa durch meine Untersuchungen ein Licht finde, das über alle diese menschliche Urtheile hinaus ist, und mich zwinget wider Willen davon abzugehen.

Wenn aber, wie so viele Philosophen des Alterthums geglaubt haben, das ewige Wesen allzeit gewirkt hat, was soll denn aus dem Cahut und Erebus der Phönizier, dem Tohu Bohu der Kaldäer, dem Chaos des Hesiodus werden? Man wird sie für Fabeln halten. Das Cahos ist der Vernunft nach unmöglich, denn es ist unmöglich, daß das ewige verständige Wesen jemals etwas den Gesetzen des Verstands Widriges habe bestehen lassen; das Chaos aber ist gerade allen Gesetzen der Natur entgegengesetzt. Begebet euch in die fürchterlichen Höhlen der Alpen, unter jene Ruinen der gähen und abhangenden Felsen von Eis, auf jene Sandbänke, wohin die Fluth das Kristall und die rohen Metalle zu-
sammen

sammen treibet, alles gehorchet dort dem Gesetz der Schwere. Es hat nie ein Chaos existirt, als in unsern Köpfen; und alles, wozu es diente, war, daß davon die schönen Verse des Hesiodus und Ovid verfertiget wurden.

Wenn die heilige Schrift sagt, daß ein Chaos gewesen sey, wenn sie statt diesem das Tohu Bohu angenommen hat, so sind wir fromm genug, es ohne Zweifel und mit dem lebhaftesten Glauben zu glauben. Wir reden hier bloß davon, indem wir einer trüglichen Leuchte unsrer Vernunft folgen. Wir haben uns, wie wir gesagt haben, darauf eingeschränkt, das allein betrachten zu wollen, was wir durch uns selbst muthmassen können. Wir sind Kinder, welche es versuchen wollen, einige Schritte ohne Gängelband zu machen.

―――――

XV.

XV.

Verstand.

Indem ich aber die Ordnung, jenes wundersame Gebäude, jene mechanischen und geometrischen Gesetze, welche in diesem All herrschen, die Mittel, die unzähligen Endzwecke in allen Dingen betrachte, so erfüllet mich alles dieses mit Bewunderung und Hochachtung. Ich schliesse daraus unmittelbar, wenn nun die Werke der Menschen, ja meine eigenen Werke mir gleichsam aufdringen, irgend einen Verstand zu erkennen, muß ich nicht daraus auf ein Wesen schliessen, das, indem es in einer so erstaunlichen Menge von Dingen wirkt, noch weit über mir und allen diesen Dingen seyn muß? — Ich lasse demnach ein höchstes verständiges Wesen zu, ohne zu befürchten, daß man mich je wird überreden können, meine Meinung zu ändern. Nichts macht dieses Axiom in mir wanken, alle Werke zeugen von ihrem Werkmeister.

XVI.

Ewigkeit.

Ist dieses verständige Wesen ewig? — Ohne Zweifel! Denn ich mag nun schon die Ewigkeit der Materie zugelassen, oder geläugnet haben; so kann ich doch die Existenz ihres höchsten Künstlers nicht verwerfen, und es ist evident, daß, wenn er heut existirt, er allzeit existiet haben muß.

XVII.
Unbegreiflichkeit.

Ich habe noch kaum zwey bis drey Schritte auf dieser öden Laufbahne gemacht; ich wünsche zu wissen, ob dieser göttliche Geist etwas von diesem Universum allenthalben Verschiedenes sey; ungefähr, wie der Bildhauer von der Statüe? Oder ob diese Seele der Welt mit der Welt vereiniget ist? ob sie durch dieselbe eben so ausgegossen, wie das Wesen, das man Seele nennt, mit mir zusammengeschmolzen ist? und ob die Idee davon nach jener des Alterthums im Virgil und Lukan genugsam ausgedrückt ist:

Mens agitat molem, & magno fe corpore mifcet.
Jupiter eft, quodcunque vides quocunque moveris.

D   Ach!

Ach! so seh' ich denn meine Neugierde bey jedem Schritte getäuscht! Schwacher Sterblicher! der du deinen eigenen Geist nicht ergründen kannst, wenn du nicht wissen kannst, was dich beseelet, wie willst du jenen unnennbaren verständigen Geist erkennen, der sichtbar die ganze Materie regiert? Es giebt also gewiß einen solchen höchsten Geist, alles beweiset ihn; aber wo ist der Kampaß, der mich hin zu seinem ewigen und unbekannten Aufenthalt leitet.

XVIII.

XVIII.

Das Unendliche.

Dieser Geist, ist er unendlich in seiner Macht und Unermäßlichkeit, wie er unstreitig unendlich seiner Dauer nach ist? Davon weiß ich abermal nichts durch mich selbst. Er existirt, also hat er allzeit existirt, dieses ist klar. Allein welche Idee kann ich mir von einer unendlichen Macht machen? Wie kann ich das Unendliche als wirksam existirend begreifen? Wie kann ich begreifen, daß der höchste Geist im Leeren sich befindet? Das Unendliche läßt sich nicht eben so vom Raume, wie von der Dauer sagen. Eine ewige Dauer verfließt in dem Augenblicke, als ich davon rede, soviel ist gewiß; ich kann an diese verflossene Dauer nichts hinzusetzen, allein ich kann immer etwas zu dem Raum hinzusetzen, den ich kenne, so wie zu den Zahlen, die ich kenne. Das Unendliche des Raumes und der Zahlen ist über die Sphäre meiner Vorstellungskraft.

Alles,

Alles, was man mir hierüber gesagt hat, kann mich über diesen tiefen Abgrund nicht aufklären. Ich bin glücklich, daß ich fühle, wie meine Zweifel und meine Unwissenheit sich mit der Moral vertragen. Es schadet gar nichts, daß wir keine Unermäßlichkeit des vollen Raumes, keine unendliche Macht, die alles hervorgebracht hat, die noch immer hervorbringen kann, mit unsrer schwachen Vernunft begreifen; vielmehr dient es dazu, daß wir die Armseligkeit unsers Verstandes und Wissens einsehen, und eben diese Schwäche wird bewirken, daß wir uns diesem ewigen Wesen um so mehr unterwerfen, dessen Werke wir sind.

XIX.

XIX.

Meine Abhängigkeit.

Wir sind sein Werk: Seht, eine höchst wichtige Wahrheit für uns! denn durch die Philosophie zu wissen, wann er den Menschen gemacht hat, was er zuvor gethan hat, ob er in der Materie ist, ob er sich im Leeren befindet; ob er sich auf einer Stelle aufhält; ob er immer wirkt, oder nicht; ob er durchgehends wirkt; ob er ausser sich oder in sich selbst wirkt — dieses sind lauter Untersuchungen, die meine tiefe Unwissenheit in mir verdoppeln.

Ich sehe, daß es kaum ein Duzend Menschen in Europa gegeben hat, die über abstrakte Materien mit einiger Methode geschrieben hätten; und wenn ich voraussetzen wollte, daß sie auf eine unverständliche Art geredet hätten, was wäre hieraus zu folgern? Wir haben schon im IV. Paragraph gesehen, daß

Dinge, die zu verstehn sich nur so wenige schmeicheln dürfen, für das übrige Menschengeschlecht purplatt unnütz sind.

Wir sind ganz gewiß Werke Gottes; und nützlich ist es allerdings dieses zu wissen, darum ist der Beweis davon faßlich. Alles ist Mittel und Absicht in meinem Körper; alles ist Triebwerk, Winde, hidraulische Maschine, Gleichgewicht der Säfte, chimisches Laboratorium. Dieses alles demnach ist durch ein verständiges Wesen also zusammengeordnet worden. (XV. Parag.) Doch war's wohl nicht der Verstand und die Weisheit meiner Eltern, die das alles so eingerichtet haben; denn diese wußten's doch wohl nicht, als sie mich in die Welt schickten; sie waren nichts weiter als blinde Werkzeuge jenes ewigen Werkmeisters, der den Wurm der Erde belebt, und der die Sonne sich um ihre Are drehen macht.

XX.

XX.

Ferners von der Ewigkeit.

Wie aus einem Zweig ein andrer sprosset, so giebt es eine ununterbrochene Folgenreihe, eine Entwicklung ohne End der Sprossen, und die ganze Natur hat von jeher durch eine nothwendige Folge jenes höchsten Wesen, welches durch sich selbst existiret, bestanden. Wenn ich bloß meinen schwachen Verstand hören sollte, so würde ich sagen, es kömmt mir vor, die Natur sey von jeher beseelt gewesen. Ich kann nicht begreifen, daß die Ursache, welche beständig und sichtbarlich in sich selber wirket, zu allen Zeiten wirken kann, nicht immer gewirkt haben soll. Es scheinet mir, eine müssige Ewigkeit könne sich nimmermehr mit einem wirkenden und nothwendigen Wesen vertragen. Ich möchte glauben, die Welt sey von jeher ein Ausfluß jener ersten und nothwendigen Ursache gewesen, so wie das Licht ein Ausfluß der Sonne ist. Welch eine Kette von Ideen fesselt mich stäts, zu glauben, daß die Werke des ewigen Wesen ewig seyen! Mein Verstand, so schwach er ist, ist doch stark genug sich ein von sich selbst nothwendig existirendes Wesen zu denken; aber er ist nicht stark genug, Nichts zu denken. Die Existenz einer einzigen Atome probiret schon die Ewigkeit der Existenz, nichts aber probirt die Entstehung. Wie? es war also nichts in dem Raum, wo heut etwas ist? Dieses würde absurd und widersprechend scheinen. Ich kann dieses Nichts nicht zulassen, wenn nicht die Offenbarung meine Ideen stillstehen macht, welche sich über die Zeit hinaus erstrecken.

Ich weiß nur zu wohl, daß eine unendliche Folge von Dingen, die nie einen Anfang hatten, höchst absurd wäre. Samuel Clarke beweißt dieses sattsam, aber er unterstehet sich nicht zu behaupten, daß Gott jene Kette der ganzen Ewigkeit nicht gehalten habe, er wagt es nicht zu sagen, daß es dem ewigen wir-

wirkenden Wesen durch so lange Zeit unmöglich gewesen sey, von seiner Wirkungskraft Gebrauch zu machen. Es ist evident, daß es wirken konnte; und wenn es nun konnte, wer wird verwegen genug seyn, sagen zu wollen, es habe es nicht gethan? — Die Offenbahrung allein, wiederhol' ich, kann mich des Gegentheils belehren. Aber noch haben wir's nicht mit dieser Offenbarung zu thun, die die Philosophie wie ein armseliges Würmchen zertritt; noch sehen wir nicht jenes hohe Licht leuchten, das allen übrigen Schimmer verdunkelt, wie die hellstrahlende Sonne den Glanz aller Sterne.

XXI.

Fernere Betrachtung über meine Abhängigkeit.

Durch dieses ewige, allgemeine Wesen erhalte ich meine Ideen, denn die Objekte können es nicht seyn, die mir selbe geben. Eine rohe Materie kann in meinem Kopf keinen Gedanken entstehen machen; meine Gedanken kommen nicht von mir selbst, denn sie kommen wider meinen Willen, und verliehren sich oft auf eben die Weise.

Man weiß hinlänglich, daß es oft nicht die mindeste Beziehung, nicht die mindeste Aehnlichkeit zwischen dem Gegenstand, der Idee und der Empfindung giebt. Gewiß Malebranche hat sehr erhaben gedacht, als er zu sagen wagte, wir sehen alles in Gott selbst. Nicht so erhaben dachten die Stoiker, die der Meinung waren, Gott sey es, der in uns wirkt.

wirkt. Nun sage man mir, wo liegt die Wahrheit zwischen diesen beyden Muthmassungen des Malebranche und der Stoiker verborgen? — Ich falle in die Unwissenheit zurück (II. P.) die der Antheil meiner Natur ist; und ich bethe Gott an, weil ich denke, ohne zu wissen, wie ich denke.

XXII.

XXII.

Neuer Zweifel.

Durch meine schwache Vernunft überzeugt, daß es ein nothwendiges, ewiges und verständiges Wesen geben müsse, durch das ich meine Ideen erhalte, ohne zu wissen, wie? ohne zu wissen, warum? fragte ich, was mag doch wohl dieses Wesen seyn? Giebt es noch andere denkende und wirkende Wesen über mir in andern Welten? — Ich habe schon gesagt, daß mir davon nichts bekannt ist. (1. P.) Demungeachtet kann ich nicht behaupten, daß es unmöglich sey; denn ich sehe verschiedene Planeten hoch über dieser Welt, die ungleich mehr Satelliten umgeben. Es streitet keineswegs gegen die Wahrscheinlichkeit, warum sie nicht mit weit verständigeren Wesen, und soliderén, beweglicheren und dauerhafteren Körpern bevölkert seyn könnten, als die Erde. Allein ihre Existenz steht in keinem Verhältnisse mit der meinigen. Ich überlaß' es den Dich-
tern

tern des Alterthums, die schöne Venus von ihrem dritten Himmel herabzuberufen, und den heldenmässigen Mars von seinem fünften; mir ist einzig daran gelegen, den Einfluß des ewigen Wesen auf mein eigentliches Selbst auszuforschen.

―――

XXIII.

XXIII.

Ein einziger höchster Werkmeister.

1.

Eine Menge Menschen, welche sahen, wie dieser Globus mit so vielen und mancherley physischen und moralischen Uibeln angefüllet ist, stellte sich zwey verschiedene Mächte, oder Gottheiten vor, wovon die eine alles Gute, die andere alles Uibel hervorbrächte. Ich denke also: wenn zwey solche Mächte existiren, so existiren sie nothwendig, wenn sie nothwendig existiren, so existiren sie auch nothwendig in einem und demselben Ort; denn es läßt sich kein Grund angeben, warum etwas, was seiner eigenen Natur nach existirt; von irgend einem Ort ausgeschlossen seyn soll; sie würden daher eines das andere penetriren, und so was ist absurd. Die Idee zweyer feindlichen Mächte kann seinen Ursprung nur von den Beyspielen herhaben, die uns auf der Erde seltsam vorkommen; wie sehen hier

sanfte

sanfte und wilde Menschen, nützliche und schädliche Thiere, gute Fürsten und Tirannen. Daraus nun hat man sich zwey Wesen gebildet, die allmächtig die Natur beherrschen sollen; allein diese ganze Lehre ist nichts weiter als ein Asiatisches Mährchen. Wir finden in der ganzen Natur eine gewisse Einigkeit des Planes; die Gesetze der Bewegung und der Schwere sind unveränderlich; es ist unmöglich, daß zwey Werkmeister, einer vom andern so ganz unterschieden, den nämlichen Gesetzen gefolgt haben sollen. — Dieses allein ist meines Erachtens hinreichend, das System der Manichäer zu widerlegen, und es ist wahrhaftig überflüssig, grosse Bücher zu schreiben, die Absurdität dieses System zu zeigen.

So giebt es denn eine einige, ewige Macht, an die alles gebunden ist, von der alles abhängt; dessen Natur uns aber unbegreiflich ist. Der heilige Thomas hat die Güte uns zu belehren: Daß Gott ein reiner

Aktus

Aktus ist, eine Gestalt, die weder Geschlecht noch Predikat hat, daß er wesentlich, partizipative und nunkupative existire. — Zur Zeit, da die ehrwürdigen Dominikaner die Herren der Inquisition waren, hätte einer mit leichter Mühe verbrannt werden können, der verwegen genug gewesen wäre, so artige Dinge zu läugnen; ich zwar würde sie nie geläugnet haben, weil's doch einmal nicht der Mühe werth wäre.

Man sagt, daß Gott einfach ist; ich aber gestehe offenherzig, daß ich zu ungelehrt bin, den Sinn dieses Wortes zu verstehen. Es ist wahr, ich würde ihm keine groben Theile zugeben, die man absöndern kann; aber ich kann nicht begreifen, wie das Prinzipium, und der Herr alles dessen, was im Raume ist, nicht selbst im Raume seyn soll. Im strengen Verstande scheint mir die Einfachheit zu sichtbarlich in einem Nicht-Wessen. Die äusserste Schwachheit meines Verstandes hat

kein

kein so feines Instrument, um diese Einfachheit zu machen. Der mathematische Punkt ist einfach, wird man sagen, aber der mathematische Punkt existirt nicht wirklich.

Auch pflegt man zu sagen, eine Idee sey simpel, ich aber verstehe es nimmermehr. Ich sehe z. B. ein Pferd, und erhalte also die Idee des Pferdes, aber wahrhaftig mit allen Attributen. Ich sehe eine Farbe; ich erhalte die Idee dieser Farbe, allein diese Farbe ist bezeichnet. Ich nenne den abstrakten Namen der Farben überhaupt, ihrer Art, ihrer Eigenschaft, ihrer Aechtheit nach; dieses aber kömmt daher, weil ich die gefärbten Sachen kenne, die mir entweder gut oder schlecht, ächt oder falsch scheinen. Ich drücke das alles durch ein Wort aus; allein ich habe keine klare Vorstellung von der Einfachheit; ich weiß nicht, was sie sagen will, so wie ich nicht weiß, was eine unendliche, wirklich existirende Zahl heißt.

Da

Da ich bereits überzeugt bin, daß ich nicht erkennen kann, wer ich bin, so kann ich wohl noch weniger meinen Urheber erkennen. Meine Unwissenheit beschweret mich bey jedem Schritte; und ich tröste mich unaufhörlich bey meinen Betrachtungen, daß es gleichgültig ist zu wissen, ob mein Herr in diesem Raum sich befindet; mich damit beruhigend, daß ich nicht wider das Gewissen handle, das er in mich gelegt hat. — Welches System soll ich denn also, von allen denen, die die Menschen von der Gottheit erfunden haben, ergreifen? Welches sonst, als das mich lehret Gott anbethen und ihn lieben.

XXIV.

XXIV.

Spinoza.

Nachdem ich mich mit dem Thales unter das Wasser, das er für sein erstes Prinzipium hält, getaucht, mich mit dem Empedokles an seinem Feuer gebraten, nachdem ich mit den Atomen des Epikur nach nothwendigen Gesetzen den leeren Raum durchlaufen, mit dem Pithagoras die unendlichen Zahlen berechnet, und seine Musik gehöret habe; nachdem ich dem Androgenes des Plato meine Schuldigkeit geleistet habe, und nachdem ich alle Religionen der Metaphysik und der Narrheit durchgangen bin, so wollt' ich endlich das System des Spinoza kennen lernen.

Es ist in diesem System nichts Neues, er hat es nach einigen alten Griechischen Philosophen, und philosophischen Juden geschmiedet; indessen hat er doch etwas gethan, was weder ein Griechischer Philosoph, vielweniger ein

ein Jude gethan hat. Er hat die richtigste geometrische Methode ergriffen, um sich die genaueste Rechenschaft von seinen Ideen geben zu können; laßt uns sehen, ob er sich mit dem Faden nicht verwickelt hat, der ihn nach seiner Methode leitete.

Er setzte gleich anfangs eine unläugbare und einleuchtende Wahrheit fest. Es giebt etwas, also existirt von Ewigkeit her ein ewiges Wesen. — Dieses Prinzipium ist so wahr, daß der tiefdenkende Samuel Clarke sich dessen bediente, die Existenz Gottes zu erweisen.

Dieses Wesen muß sich überall ausbreiten, wo etwas existiret, denn wer könnte ihm Gränzen setzen?

Dieses nothwendige Wesen begreift daher alles, was in sich existirt; es ist daher nur eine einzige Substanz im ganzen All.

Diese

Diese Substanz kann keine andere zeugen; denn, da sie alles anfüllt, wo soll eine neue Substanz Platz finden, und wie soll man etwas aus nichts hervorbringen? Wie soll man einen Raum erschaffen, ohne ihn in den Raum selbst zu stellen, der schon nothwendig existirt?

Es giebt in der Welt ein denkendes Wesen, oder einen Geist, und die Materie; die nothwendige Substanz also, die wir Gott nennen, ist der Geist und die Materie. Aller Geist und alle Materie also ist in der Unermäßlichkeit Gottes enthalten; es kann also nichts über ihn geben, alles kann nur in ihm geschehen, er begreift alles in sich, er ist alles.

Alles also, was wir verschiedene Substanzen nennen, ist im Grunde nichts anders, als die Allgemeinheit der verschiedenen Attributen des höchsten Wesen, das im Hirn des Menschen denkt, im Lichte leuchtet, im Winde sich bewegt, im Donner rasselt, in jeglichem

Gestirne durch die Gewölbe des Himmels sich fortwälzt, und in der ganzen Natur lebt.

Es gleicht keinem Erdenköniglein, das in seinem Pallaste verschlossen, und abgesondert von seinen Unterthanen lebt; Gott ist mit den übrigen Wesen auf das engste vereiniget; sie sind lauter nothwendige Theile von ihm; denn wenn er von ihnen verschieden wäre, würde er kein nothwendiges Wesen mehr seyn, wäre er kein nothwendiges, so wär' er auch kein allgemeines Wesen mehr; er würde nicht alle Plätze ausfüllen, er würde ein absonderliches Wesen seyn, wie alle übrigen.

Daher sind auch alle zufälligen Modalitäten in dem Universum eine Wirkung seiner Attribute, indem er nach dem Spinoza keine Theile hat; denn, sagt er, das Unendliche kann keine bestimmten Eigenschaften haben; denn wäre dieß, so könnte man ihm neue hinzufügen, und dann wär' er nicht mehr unendlich.

endlich. Spinoza macht den Schluß, daß man diesen nothwendigen, unendlichen, ewigen Gott lieben müsse; hier sind seine eigene Worte: Blatt 45. nach der Ausgabe von 1731.

„In Anbetracht der Liebe Gottes, entfernt zu glauben, daß sie diese Idee schwächen könnte, bin ich der Meinung, daß sie dennoch die geschickteste für einen Beweis ist, weil ich ihr die Erkenntniß verdanke, daß Gott mit meinem Wesen vereiniget ist, daß er mir die Existenz und alle Eigenschaften giebt, aber daß er mir selbe frey, ohne Vorwurf, ohne Interesse verliehen hat, ohne mich irgend einem Dinge zu unterwerfen, als meiner Natur. Sie kennet keine Furcht, keine Unruhe, kein Mistrauen, keine Schwachheiten einer gemeinen und eigennützigen Liebe. Sie läßt mich fühlen, daß sie ein Gut ist, das ich nicht verliehren kann, und daß ich mehr davon besitze, als ich begreifen kann, mehr, als ich davon Gebrauch zu machen im Stande bin."

Dieß

Diese Begriffe verführten viele Leser, es gab selbst einige, die anfangs wider ihn geschrieben hatten, und nun dieser Meinung beytratten.

Man hat es dem gelehrten Bayle vorgeworfen, daß er den Spinoza so heftig angrif, den er doch nicht verstanden haben muß. Heftig zwar grif er ihn an; aber nicht so ganz ohne allen Grund, wie ich glaube. Es wäre zu übertrieben gesagt, Bayle hab' ihn nicht verstanden. Er öffnete sehr geschickt den unbefestigten Eingang seines eingebildeten Schloßes; er sah, daß Spinoza im Grunde seinen Gott aus Theilen zusammengesetzt habe, wie er gezwungen ist, sich manchmal zu widersprechen, und über sein eigenes System sich in Verlegenheit befinde.

Bayle sah, wie übel Spinoza daran war, aus seinem Gott bald ein Gestirn, bald einen Kürbis zu machen, ein Wesen, das denkt und stinkt,

stinkt, prügelt, und geprügelt wird. Er sah, daß diese Fabel noch weit lächerlicher sey, als die des Protheus. Vielleicht hätte sich Bayle mehr an die Modalitäten, und nicht an die Theile halten sollen, denn diese sind es, auf denen Spinoza immer herumreitet. Aber wenn ich nicht irre, so ist eines so ungeschickt, wie das andere, wenn ich den Unflath eines Thieres eine Modalität, oder einen Theil der Gottheit nenne. Zwar ist es wahr, daß dieses die Gründe nicht aufhebt, durch welche Spinoza die Unmöglichkeit einer Erschaffung behaupten will; allein er will nur soviel sagen, daß die Erschaffung, eigentlich zu reden, ein Gegenstand des Glaubens, und nicht der Philosophie ist; er will nur sagen, daß diese Meinung des Spinoza nicht bloß seine Meinung ist, sondern, daß das ganze Alterthum schon wie er gedacht hat. Er greift bloß die absurde Idee eines einfachen Gottes an, der aus Theilen besteht, eines Gottes, der sich selbst ißt und verdaut, der ein und dasselbe Ding zu ein und derselben Zeit liebt und hasset u. s. w. Spinoza schränkt sich immer auf das Wort Gott ein; Bayle nimmt dieses Wort seinem eigentlichsten Verstande nach.

Aber im Grund hat Spinoza keinen Gott anerkannt; er hat sich wahrscheinlich dieses Ausdrucks nur darum bedient, hat nur darum gesagt, daß man Gott dienen, und ihn lieben müsse, um das menschliche Geschlecht nicht wider sich zu entbehren. Er scheint ein Atheist im ganzen Umfange des Worts zu seyn; er war kein Atheist, wie Epikur, der die Götter für überflüssige und müssige Wesen hielt; keiner, wie die meisten Griechen und Römer, die sich über die Götter des Pöbels lustig machten; er ist ein Atheist, weil er an keine Vorsicht glaubte, weil er bloß die Ewigkeit, Unermäßlichkeit und Nothwendigkeit der Dinge zuließ; er ist, was Straton und Diagoras waren; er zweifelt nicht wie Pyrrhon, er behauptet; und was behauptet er? Daß es nur
eine

eine einzige Substanz gebe, daß zwey solche Substanzen unmöglich seyen, daß dieses Wesen den Raum ausfüllet, und denkt; und dieses ist, was weder die Griechischen noch Asiatischen Philosophen gesagt haben, die eine ewige Seele zuliessen.

Er redet an keinem Orte seines Buches von einem absichtlichen Plan, der sich in allen Wesen offenbaret. Er untersucht nicht, ob die Augen zum sehen, die Ohren zum hören, die Füsse zum gehen, die Fittige zum fliegen gemacht sind; er betrachtet weder das Gesetz der Bewegung in den Thieren und Pflanzen, noch ihren Bau, der diesem Gesetz angemessen ist; auch nicht die erhabne Mathematik, die den Lauf der Gestirne regiert; er fürchtet sich, so zu sagen, einzusehen, daß alles, was existirt, von einer göttlichen Vorsicht zeuge; er geht keineswegs von den Wirkungen auf ihre Ursache zurück; sondern indem er sich bloß mit dem Ursprunge der Dinge beschäftiget, hat er

wie

wie Decartes sich einen Roman erbichtet, und sein ganzes System besteht aus einer Vermuthung. Er nahm mit dem Decartes den vollen Raum an, weil er ganz zuverläßig überzeugt zu seyn schien, daß in dem vollen Raum alle Bewegung unmöglich ist. Daher nun kam es vorzüglich, warum er das Universum als eine einzige Substanz ansah. Er wußte nichts von seinem geometrischen Geist. Wie konnte doch Spinoza, der nicht zweifelte, daß ein Geist und eine Materie existire, nicht vielmehr untersuchen, ob nicht alles durch die Vorsicht geordnet sey? Wie hat er nicht sehen können, daß alles seine bestimmten Gränzen, seine Mittel zum Endzweck habe, und nicht daraus einen höchsten Werkmeister schliessen? Es setzt voraus, daß man in einem solchen Falle ein sehr unwissender Physiker, oder ein von lächerlichem Stolze aufgeblasener Sophist seyn müsse, wenn man nicht eine Gottheit anerkennen wollte, so oft wir Athem holen, so oft unser Herz schlägt. Denn dieses Athemholen, diese

Be-

Bewegung des Herzens sind lauter Wirkungen einer so künstlich zusammengesetzten, mit einer so allmächtigen Kunst geordneten, von so allerley Triebrädern abhangenden, und doch nur nach einem Endzweck laufenden Maschine, daß es unmöglich ist, sie nachzuahmen, und daß jeder Verständige nicht umhin kann sie zu bewundern.

Die neuen Spinozisten wenden dagegen ein: entsetzet euch nicht vor den Folgen, die ihr uns zur Last leget; wir finden, wie ihr, in den organisirten Körpern und in der ganzen Natur eine Reihe bewunderungswürdiger Wirkungen. Die ewige Ursache ist in dem ewigen Geist, den wir zulassen, und der mit der Materie die Allgemeinheit der Ursachen ausmacht, die wir Gott nennen. Es giebt nur eine einzige Substanz, die durch die unendliche Modalität seines Geistes auf die Modalität der Materie wirket, und welche daher das Universum ausmacht, welches ein einiges unzertrennliches Ganzes ist.

Man entgegnet auf diese Antwort, wie könnt ihr uns erweisen, daß der Geist, der die Gestirne bewegt, der den Menschen belebt, der alles macht, eine Modalität sey, und daß der Auswurf einer Kröte und eines Wurms eine andere Modalität dieses nämlichen höchsten Wesen sey? Wollt' ihr uns überreden, ihr habet ein so seltsames Prinzipium erwiesen? Verberget doch eure Unwissenheit nicht durch Worte, die ihr nicht versteht. Bayle hat die Sophismen eures Lehrers sehr geschickt aufgelöst, indem er seine Unrichtigkeit und die Dunkelheit seines anmaßlichen geometrischen Stils angezeiget hat. Ich verweise euch auf ihn; ein Philosoph muß den Bayle nicht verwerfen.

Wie immer, ich möchte anmerken, daß sich Spinoza in der besten Absicht betrogen habe. Es scheint, daß er bloß darum gewisse Ideen von seinem Systeme ausgeschlossen habe, die ihm hätten schädlich seyn können, weil

er

er zu voll von seinen eigenen war; er gieng seinen Weg, ohne auf etwas Acht zu haben, was ihm hinderlich seyn konnte, und dieses geschieht nur gar zu oft. Er that mehr noch, er verwarf alle Prinzipien der Moral, da er doch selbst die strengste Tugend übte; so nüchtern war, daß er nicht mehr als alle Monate eine Halbe Wein trank; so uneigennützig, daß er den Erben des unglücklichen Johann Wit eine Pension von zweyhundert Gulden erließ, die ihm dieser grosse Mann vermacht hatte; so großmüthig, daß er sein eigenes Vermögen hingab; bey allen Widerwärtigkeiten und in seiner Armuth immer geduldig, und immer rechtschaffen, und sich selbst gleich in seinem Lebenswandel.

Bayle, der ihn so übel behandelte, hatte beynahe den nämlichen Karakter. Beyde haben die ganze Zeit ihres Lebens die Wahrheit auf zwey verschiedenen Wegen gesucht. Spinoza verfertigte ein in gewissen Punkten sehr

sinn-

sinnreiches aber im Grunde fehlerhaftes Sy­
stem; Bayle hat alle Systeme widerlegt; was
ist nun aus den Schriften des einen und des
andern entstanden? Sie haben einige müssige
Leser beschäftiget; und dieses ist es, was end­
lich alle Schriften bewirken; und vom Tha­
les an bis zu den Professoren unsrer Univer­
sitäten, und bis zu den eingebildeten Vernünft­
lern und ihren Ausschreibern, hat nicht ein
einziger solcher irgend einen Einfluß auf die
Sitten des kleinen Fleck Erdreiches, auf dem
er lebt. Warum? weil die Menschen sich
durch die Mode und nicht durch die Metha­
physik bilden.

XXV.

XXV.
Absurditäten.

Nun seht, wie weit wir schon auf unsrer Reise durch unbekannte Länder gekommen sind; wir wissen schon recht viel, will sagen, nichts. Ich komme mir vor, wie ein Mensch, der, nachdem er eine Weile auf dem Weltmeere herumgeirret, und glücklich an den Maldivischen Inseln gelandet ist, welche die Indischen Meere umfliessen, nun alle übrigen besehen will. Meine grosse Reise hat mir nicht sonderlich viel genützt. Laßt uns sehen, ob die Kundschaft von den kleinen Inseln nicht etwa mit mehr Nutzen verbunden ist, ob sie gleich nur darum zu existiren scheinen, um uns auf der Reise aufzuhalten.

Man hat mir in einem gewissen philosophischen Kurs gewisse Dinge erklärt, wovon keine Seele ein Wort versteht. Man wollte mir die Dreyeinigkeit durch die Physik erklären; man sagte mir, daß sie durch die drey Ausmessungen der Materie vorgebildet sey. Ich hörte nicht darauf, und machte mich davon. Wiederum wollte man mir die Transsubstantiation dadurch begreiflich machen, indem man mir durch die Geseze der Bewegung zeigte, wie ein Akzidens ohne ein Subjekt existiren, und wie der nämliche Körper zu gleicher Zeit in zwey verschiedenen Oertern seyn könne. Ich verstopfte mir die Ohren, und eilte noch schneller um davon zu kommen.

Paskal, der nämliche Blasius Paskal, der die Lettres Provinciales geschrieben hat, sagt also: Glaubt ihr, daß es unmöglich sey, daß Gott unendlich, und ohne Theile sey? Ich will euch demnach eine unzertheilbare und unendliche Sache begreiflich machen; Sie ist ein Punkt, der sich immer mit einer unendlichen Geschwindigkeit bewegt; denn er ist an allen Orten und in jedem Orte ganz.

Sü-

Gütiger Himmel! Ein mathematischer Punkt, der sich bewegt, ein Punkt, der nirgend als im Hirn eines Geometers existirt, der überall, und überall zu gleicher Zeit ist, der von einer unendlichen Geschwindigkeit ist! Als ob es eine wirklich unendliche Geschwindigkeit geben könnte? — Jedes Wort davon ist Unsinn, und all diesen Unsinn hat ein grosser Mann gesagt!

Ein anderer sagte mir: Mein Herr, ihre Seele ist einfach, unkörperlich, unberührbar; und ob sie gleich kein Körper berühren kann, so will ich Ihnen doch durch die Physik des Albertus Magnus erweisen, daß ihre Seele physisch brennen und braten soll, wenn sie nur ein Wort von alle dem bezweifeln, was ich Ihnen sage. Ich will Ihnen die Probe davon a priori machen, indem ich den Albertus durch die Sylogismen des Abellus unterstütze. Ich antwortete ihm, daß ich von seinem a priori nichts verstünde; daß ich sein

Kompliment sehr unartig fände; daß hier unter uns von der Offenbarung die Rede nicht sey, ob ich gleich durch sie allein diese unbegreiflichen Dinge begreifen möchte; daß ich ihm vollkommene Freyheit liesse, von meinen Meinungen nichts zu glauben, ohne ihm darum mit Feuer und Flammen zu drohen: und ich entfernete mich von ihm aus Furcht, er möchte mir einen schlimmen Streich spielen, denn er sah mir ganz darnach aus.

Eine Menge Sophysten aus allen Ländern und von allen Sekten überhäuften mich mit unverständlichen Argumenten von der Natur der Dinge, von meiner eigenen Natur, von meinem ehmaligen Zustand, von meinem gegenwärtigen, und dem zukünftigen. Wenn man mit den Herren dieser Art vom Essen, Trinken, der Kleidung, Wohnung, dem nöthigen Hausrath, und vom Gelde, durch das man sich alle diese Dinge anschafft, redet, so verstehen sie sich darüber mit einer bewun-
berungs-

derungswürdigen Einsicht; wenn's darauf ankömmt, daß einige Groschen zu verdienen sind, so ist jeder mit ganzer Seele dabey, und verrechnet sich schwerlich um einen Heller; allein wenn's um unser ganzes Wesen zu thun ist, so haben alle zusammen nicht eine einzige vollkommen bestimmte Idee. Da verläßt sie der gemeine Menschenverstand; und ich komme immer auf meinen ersten Schluß zurück. (IV. Parag.) Was nicht allgemein anwendbar ist, was nicht allen Menschen Nutzen schaffen kann, was selbst die nicht verstehen, die die geübtesten im Denken sind, das kann ein für allemal dem menschlichen Geschlecht nicht nothwendig seyn. *)   f 3   XXVI.
_____
*) Sollten wir denn denken, der Urheber der Natur sey so grausam gewesen, daß er Bedürfnisse in uns geleget, und uns keine Mittel gegeben habe, selbe zu befriedigen? — Dem Menschen kann es begnügen, daß er weiß, wo die Gränzen seines Wissens aufhören. Hier wird der Weise stehen bleiben. Der Stolze hingegen ist unersättlich; allein empfindlich rächet sich die Natur an ihm, indem sie ihm die Ruhe raubt, und die Empfindungen des besseren Lebens.

XXVI.

Die beste Welt.

Da ich mich auf alle Seiten wendete, um mich zu unterrichten, traf ich endlich auch die Schüler des Plato an. Einer von ihnen sagte: kommen Sie mit uns, mein Herr, Sie sind in der besten Welt, wir sind weit gelehrter, als es unser Lehrmeister war. Er ließ zu seiner Zeit nur fünf Welten zu, weil es nur fünf regelmässige Körper giebt; allein da es allerdings unendlich mögliche Welten giebt, so hat Gott aus allen diesen die beste erwählt; kommen Sie mit, und Sie werden die Beweise davon bey jedem Schritte finden. Ich befragte ihn in aller Demuth, ob wohl von diesen Welten, die Gott erschaffen kann, eine besser wäre als die andere, oder ob sie vollkommen gleich wären, oder ob eine schlechter als die andere wäre? Das letzte können wir einmal nicht glauben. Unter denen, die sich gleich sind, vorausgesetzt, daß sie es sind, wird kein Verzug

zug statt finden; sie werden vollkommen eines seyn: man kann keine Auswahl unter ihnen treffen; eine nehmen, heißt die andere nehmen. Es ist also unmöglich, daß er nicht die beste nehme. Allein, wie ist es möglich, daß die anderen möglich seyen, wenn's nicht möglich ist, daß sie existiren?

Er machte mir sehr schöne Distinktionen, und versicherte mich immer, ohne daß er sich selbst verstand, daß diese Welt, aus allen wirklich möglichen Welten, die best-möglichste sey. Allein, da ich mich von der schlechtern Welt sehr übel zugerichtet fand, und unsägliche Schmerzen litt, so brachten mich die Bewohner der besten Welt in ein benachbartes Spital. Unterwegs traf ich zwey dieser glücklichen Geschöpfe an, die von zwey andern eben so glücklichen in das Gefängniß geschleppet wurden, man legte ihnen schwere Ketten an, dem einen, weil er eine kleine Schuld, die er um nicht zu erhungern gemacht hatte, nicht bezahlen konnte, dem andern um eines blossen Verdachts willen.

Ich weiß nicht eigentlich, ob man mich in das best-möglichste Spital dieser best-möglichsten Welt gebracht hat, aber ich vermuthe es, denn ich ward in Gesellschaft von zwey bis drey tausend der elendesten Menschen zusammengepresset, die eben so schmerzlich litten, als ich. Die meisten davon waren glorreiche Vertheidiger des Vaterlandes, die mir erzählten, daß man sie lebendig trepanirt und geschnitten habe; daß man dem einen einen Arm, dem andern einen Fuß abgenommen habe, und daß viele tausende ihrer tapfern Mitpatrioten in einer von den dreyssig Bataillen, die im letzten Kriege, der, seitdem wir von Kriegen wissen, der hunderttausendste ist, sind erschlagen worden. Sonst sah man auch in diesem Hause gegen tausend andere Personen beyderley Geschlechts, die scheußlichen Gespenstern glichen, und die man mit einem gewissen

wissen Metale frottirte, weil sie das Gesetz der Natur befolgt haben; und weil die Natur, ich weiß nicht wie, oder warum? die Vorsicht gebraucht hat, in ihnen den Saft des Lebens zu vergiften. Ich dankte meinen zwey Führern.

Nachdem man mit einem scharfen Eisen meine Blase zerschnitten, und aus diesem Steinbruche einige Steine herausgezogen hatte; nachdem ich vollkommen wieder hergestellet war, — einige schmerzliche Ungemächlichkeiten ausgenommen, die mir die ganze übrige Lebenszeit anhiengen, machte ich, also zugerichtet, meinen Begleitern meine Aufwartung, und nahm mir die Freyheit ihnen zu sagen, daß alles trefflich gut in der Welt seyn mag, nur wollte ich meine Operation davon ausnehmen, mittels der man mir vier Kießsteine aus dem Schooß meiner zerrissenen Eingeweide gezogen hat; indessen fänd' ich es doch noch besser, daß itzt meine Blase einer Laterne gleicht, als zu-

vor,

vor, da sie ein Steinbruch war. Ich redete mit ihnen sehr ernsthaft von den unzähligen Uibeln, Plagen und Lastern, mit denen die beste Welt angefüllet ist; allein der unerschrokneste unter ihnen, ein Teutscher, mein Landsmann sagte, das alles wären lauter Kleinigkeiten.

Er sagte, es sey als eine grosse Wohlthat des Himmels gegen das menschliche Geschlecht anzusehen, daß Tarquinius die Lukrezia geschändet, und daß Lukrezia sich darüber erstochen hatte, weil man um dieser Ursache willen die Tirannen vertrieb; und folglich diese Gewaltthätigkeit, und der daraus entstandene Mord und Krieg veranlaßte, daß ein gedrücktes Volk in eine freye und glückliche Republick verwandelt wurde.

Es wollte mir anfangs nicht in den Kopf, daß Iäsar die Gallier und Spanier dadurch glücklich gemacht habe, indem er die Ursache war,

war, daß ihrer gegen drey Millionen zu Grunde giengen, allein der Vertheidiger der besten Welt gieng darum von seiner Meinung nicht ab, er sagte mir immer wie der Kerkermeister des Don Karlos: Der Friede, der Friede ist für Euer Wohl! — Da ich ihn indessen bis auf's Aeusserste trieb, sagte er, daß er's gar nicht der Mühe werth finde, auf dieses armselige Erdkügelchen Acht zu haben; daß aber in den Gestirnen Sirius und Orion, und im Ochsenauge, *) und in anderen Planeten alles vollkommen sey. Belieben Sie doch dahin zu reisen, mein Herr, versetzte ich.

Darauf zog mich ein kleiner Theolog beym Arm, und vertraute mir, daß diese Leute wahnsinnig seyen, und daß es durchaus nicht nöthig sey, daß es Böses auf der Welt gebe, ja, daß sie vielmehr ausdrücklich zu dem
Ende

---

*) Auch Aldebaran, welcher Stern sich im Kopfe des Stiers befindet.

Ende gemacht sey, daß sich nichts als Liebes und Gutes darinnen befinde; und um Ihnen einen Beweis davon zu geben, fuhr er fort, so wissen Sie, daß es einsmals durch zehn bis zwölf Tage wirklich also war. Ach! mein sehr ehrwürdiger Herr, versetzte ich, es ist ein grosser Schade für mich, daß es zur Zeit nicht mehr so ist. *)

XXVII.

*) Selbst der einfältige Nannotte führet sehr gute Gründe an, durch die er beweiset, daß das System des Pope, Leibniz, Malebranche und anderer Optimisten wohl ein sinnreiches, aber keineswegs ein gründliches System sey, das im ersten Anblicke gefällt, aber nicht überzeuget u. s. w. — woraus ich schliesse, daß selbst den abgeschmaktesten theologischen Klopffechtern manchmal etwas von gesunder Ver- Vernunft träumen müsse: aber ach! sie sind dazu gebohren, um nur zu träumen, und die Leichtgläubigen mit Träumereyen zu unterhalten.

XXVII.
Von den Monaden u. s. w.

Der nämliche Teutsche machte sich nun ferners an mich, belehrte mich, und zeigte mir klärlich, was die Seele sey. Alles ist in der Natur aus Monaden (Einheiten) zusammengesetzt; Ihre Seele ist eine Monade; und so wie sie mit allen übrigen Monaden in der ganzen Welt zusammenhängt, also muß sie auch nothwendig von allem, was hier vorgeht, Ideen haben; diese Ideen sind dunkel, welches sehr nützlich ist; und Ihre Monade, mein Herr, so wie die meinige ist ein konzentrirter Spiegel dieses Universum.

Allein, glauben Sie darum nicht, daß Ihre Handlungen eine Folge Ihrer Gedanken sind. Es giebt eine vorherbestimmte Harmonie zwischen der Monade Ihrer Seele und allen Monaden Ihres Körpers, auf die Weise nämlich, daß, so oft Ihre Seele eine Vorstellung hat,

hat, so oft verrichtet auch Ihr Körper eine Handlung, ohne daß jedoch eines die Folge des andern ist; sie gleichen zwey Hänguhren, die sich mitsammen bewegen; oder, wenn Sie wollen, so können Sie sich noch eine deutlichere Vorstellung davon machen durch zwey Menschen, wovon der eine prediget, der andere aber dazu agirt. Ohne Zweifel werden Sie sehr leicht einsehen, daß dieses in der besten Welt also seyn müsse? Denn....

XXVIII.

XXVIII.

Von den plaſtiſchen Geſtalten.

Da ich denn nun von allen dieſen ſeltſamen Dingen nichts verſtund, ſo ſagte ein Engländer, Namens Cudworth — der meine Unwiſſenheit aus meinen ſtarren Augen, aus meiner Verwirrung und dem geſenkten Haupte abnahm — zu mir: Dieſe Ideen, mein Herr, ſcheinen Ihnen ohne Zweifel tiefgedacht, weil ſie leere Worte ſind? Ich will ſie genau unterrichten, wie die Natur wirkt. — Erſtlich giebt es eine allgemeine Natur, und dann plaſtiſche (bildende) Naturen, die alle Thiere formen, und alle Pflanzen, das begreifen Sie ſehr wohl? — „Nicht eine Sllbe, mein Herr, aber belieben Sie nur fortzufahren."

Eine plaſtiſche Natur iſt keine körperliche Eigenſchaft, ſie iſt eine unkörperliche Subſtanz, die wirkt, ohne zu wiſſen, was ſie thut, die ganz blind iſt, die nicht empfindet, nicht raisonniret, nicht wächst; allein die Tulpe hat ihre plastische Form, die sie wachsen macht, der Hund hat seine plastische Form, die ihn jagen macht, und eben so hat auch der Mensch die seinigen, durch die er Vernunftschlüsse macht. Diese Formen sind die unmittelbaren Bestellten (Werkzeuge) der Gottheit. Es giebt keine getreuern Minister auf der Welt als sie, denn sie geben alles, und behalten nichts für sich. Daraus sehen Sie nun, daß dieselben die ächten Grundursachen der Dinge sind, und daß die plastischen Naturen soviel gelten, als die vorherbestimmte Harmonie, und die Monaden, welche die konzentrirten Spiegel des Universum sind.

„Ich sagte ihm, daß ich in diesem Stück vollkommen wie er denke, daß eines gerade so viel werth sey, als das andere."

———

XXIX.

XXIX.

Vom Loke.

Nach so vielen unglücklichen Abentheuern, ermüdet, verwirrt, beschämt, so vielen Wahrheiten nachgejagt, und doch nur Schimären dafür gefunden zu haben, kam ich, wie der verlohrne Sohn, der in seines Vaters Haus zurückgekehret ist, wieder zu dem getreuen Loke. Ich warf mich in die Arme eines bescheidenen Mannes, der nie etwas zu wissen vorgab, was er nicht wußte, der im Grunde zwar keine unermäßlichen Reichthümer besitzt, aber dessen Fond immer bestens gesichert ist, und der ohne irgend eine Arroganz die solidesten Güter genießet. Er bestättigte mich in meiner Meinung, die ich von jeher hegte, daß sich unser Verstand nichts eigen machen könne, als mittels der Sinne.

Daß es keine angebohrnen Ideen gebe.

Daß

Daß wir keine Idee eines unendlichen Raumes, und eben so wenig einer unendlichen Zahl haben können.

Daß ich nicht immer denke, und daß folglich das Denken nicht die Essenz, wohl aber die Aktion meines Geistes sey.

Daß ich frey bin, wenn ich thun kann, was ich will.

Daß diese Freyheit nicht in meinem Willen bestehen kann; weil, wenn ich freywillig in meinem Zimmer bleibe, wovon die Thüre verschlossen ist, und ich den Schlüssel nicht habe, es mir einmal nicht frey steht hinauszugehen; weil ich in diesem Falle damit zufrieden seyn muß, wenn ich auch nicht wollte; weil ich sehr oft meiner Ideen nicht los werden kann, wenn ich es auch noch so gern wollte.

Daß

Daß es demnach im Grunde absurd ist, zu sagen: der Wille ist frey, weil es absurd ist zu sagen: ich will diese Sache wollen; denn es ist gerade, als ob man sagte: ich verlange zu verlangen; ich fürchte zu fürchten: daß demnach der Wille eben so wenig frey ist, als er nicht blau oder viereckicht ist. (Sieh den XIII. Artikel.)

Daß ich nicht wollen kann, als in Folge der Ideen, die ich in meinem Hirn überkommen habe; daß ich genöthiget bin, mich diesen zu Folge zu determiniren; weil ich mich sonst ohne Grund determiniren würde, welches eine Wirkung ohne Ursache wäre.

Daß ich keine positive Idee des Unendlichen haben kann, weil ich selbst ein sehr endliches Wesen bin.

Daß ich keine Substanz erkennen kann, weil ich blos eine Idee von ihren Eigenschaften

ten haben kann, und weil tausend Eigenschaf=
ten einer Sache mir noch nicht die Erkenntniß
der Sache selbst verschaffen können, als welche
überdieß noch zehntausend andere unbekannte
Qualitäten haben kann.

Daß ich nicht mehr die nämliche Person
bin, als in soweit, daß ich das Gedächtniß bey=
behalten habe, und das Bewußtseyn dieses Ge=
dächtnisses; denn, indem ich nicht den klein=
sten Theil meines Körpers, der mir in meiner
Jugend angehörte, nicht die mindeste Erinne=
rung der Ideen, die mich in diesem Alter be=
schäftigten, beybehalte, so ist es klar, daß
ich eben sowenig mehr das nämliche Kind bin,
als ich nicht sagen kann, ich sey der grosse
Konfuzius, oder Zoroaster. Diejenigen, die
mich aufwachsen sahen, und die, welche immer
um mich sind, halten mich zwar für ein und
dieselbe Person, allein ich habe in keinem An=
betracht die nämliche Existenz; ich bin nicht
mehr das alte Ich; ich bin eine neue Iden=
titát,

tität, und man beobachte nur, von was für sonderheitlichen Folgen!

Daß es endlich, gemäß meiner so vollkommen anerkannten tiefen Unwissenheit über die ersten Grundursachen der Dinge, unmöglich sey, zu erkennen, von welcher Art die Substanzen seyen, durch welche sich Gott gewürdiget hat, uns mit den Eigenschaften zu empfinden und zu denken zu begaben. — Ich frage daher: giebt es Substanzen, derer Wesenheit ist, zu denken, die immer denken, und die durch sich selbst denken? In diesem Falle wären diese Substanzen, was für welche sie auch immer seyn möchten, Götter; denn sie bedürfen des ewigen wirkenden Wesens nicht, weil sie ihre Wesenheiten ohne selbes haben, weil sie ohne selbes denken.

Zweytens, wenn das ewige Wesen den Wesen die Gabe zu empfinden verliehen hat; so hat es ihnen etwas gegeben, was ihnen nicht.

nicht wesentlich angehöret; es hat also diese Eigenschaft jedem Wesen verleihen können, was es immer für eines seyn mag.

Drittens, wir kennen kein Wesen bis auf den Grund, denn es ist unmöglich, daß wir wissen können, ob ein Wesen fähig ist, Empfindungen und Gedanken zu überkommen. Die Worte Materie und Geist sind nichts weiter als Worte; wir haben keine vollkommene Begriffe von diesen zwey Dingen; es ist demnach im Grunde eben so verwegen zu sagen, daß ein Körper, den Gott selbst organisiret hat, nicht von Gott selbst das Vermögen zu denken empfangen könne, als es lächerlich zu sagen wäre, der Geist könne nicht denken.

Ich vermuthe, daß die gelehrte Kongregation, die den Galilei *) als einen gottlosen

---

*) Galilei ward zweymal vor die Inquisition in Rom geladen, weil er das System des Kopernikus vertheidigte, das der heiligen Schrift entgegen schien.

en Ketzer verdammte, und als einen widersinnigen Lehrer, als der die Bewegung der Erde um die Sonne beweisen wollte, einige Kenntniß von den tiefsinnigen Ideen des Kanzlers Bako gehabt haben müsse, welcher vorschlug zu untersuchen, ob der Materie die anziehende Kraft eigen sey; ich vermuthe ferners, daß der Referent dieses Tribunals diese wichtigen Personen wird unterrichtet haben, daß es in England so unsinnige Leute gebe, welche glauben, daß Gott aller und jeder Materie, vom Saturn an bis zu diesem unsern Kothhäuflein, einen Trieb nach dem Mittelpunkt, eine anziehende Kraft, und eine Schwere gegeben habe, die nothwendig unabhängig von jedem Antrieb (Impulsion) sey; weil der Antrieb nach den Oberflächen, die Schwere aber nach der Menge der Materie wirket. Seht ihr, wie diese Richter der menschlichen Vernunft, und Gottes selbst, sogleich durch Machtsprüche entscheiden! wie sie die Schwere verdammen, welche Neuton von jeher bewies!

wie

wie sie kühn behaupten, daß dieses der Gottheit unmöglich, und daß die Schwere nach dem Mittelpunkt eine Gotteslästerung sey! Eben so verwegen schein' auch ich mir zu seyn, wenn ich mich zu behaupten getrauete, daß Gott nicht was immer für ein organisirtes Wesen empfinden, und denken machen könne.

Fünftens, ich kann nicht zweifeln, daß Gott in die organisirte Materie der Thiere nicht das Vermögen des Gedächtnisses, und folglich nicht Ideen in selbe gelegt haben soll. Warum soll ich demnach läugnen, daß er dieses Geschenk nicht eben sowohl uns anderen Thieren gemacht habe? Es ist schon gesagt worden, es sey minder schwer zu wissen, ob die organisirte Materie denke, als zu wissen, wie was immer für ein Wesen denke.

Das Denken ist etwas göttliches; niemand bezweifelt es; und dieses darum, weil ich

ich niemals wissen kann, was ein denkendes Wesen ist. Das Prinzipium der Bewegung ist etwas göttliches; und ich werde nie die Ursache dieser Bewegung wissen, wovon alle meine Glieder die Geseze ausüben.

Das Kind des Aristoteles, zog, da es gesäuget wurde, mit seinem Mund die Brust der Amme an sich, da es genau mit seiner Zunge, die es zurückzog, eine Luftpumpe bildete, die Luft auspumpte, und einen leeren Raum formirte, indeß sein Vater von alle dem nichts wußte, und auf geradewohl sagte, daß die Natur keinen leeren Raum dulde.

Das Kind des Hipokrates erwies, da es vier Jahr alt war, die Zirkulation des Blutes, da es mit seinem Finger über die Hand fuhr; und Hipokrates wußte nicht, daß das Blut kreise.

Wir alle sind solche Kinder ohne Ausnahm, wir verrichten bewunderungswürdige Dinge, und keiner von den Philosophen weiß, wie wie sie verrichten.

Sechstens, sehet die Gründe oder vielmehr die Zweifel, die mein Verstand aus diesen Sätzen des bescheidenen Loke ziehet. Noch einmal, ich sage nicht, daß es die Materie ist, die in uns denkt; ich sage bloß mit ihm, daß es uns nicht zukömmt behaupten zu wollen, daß es Gott unmöglich sey, die Materie denken zu machen; daß es absurd sey so etwas zu sagen, und daß es armseligen Erdewürmern nicht zieme, der Allmacht des höchsten Wesen Gränzen zu setzen.

Siebentens, ich füge hinzu, daß diese Frage für die Moral äusserst seltsam sey; denn die Materie mag nun denken, oder nicht, so muß doch jeder, der denkt, gerecht seyn; denn die Atome, der Gott die Gabe
zu

zu denken gegeben hat, kann sich ebensowohl Verdienste erwerben oder nicht, kann sich ebensowohl der Strafe oder Belohnung würdig machen, kann ebensowohl dauern, als das unbekannte Wesen, das man sonst Hauch, Athem, nannte, und das heut zu Tage Geist heißt, wovon wir vermög unsrer Weisheit noch weniger Kenntniß haben, als von einer Atome.

Ich weiß sehr wohl, daß jenigen, welche geglaubt hatten, daß das Wesen, welches wir Hauch nennen, allein zu empfinden, und zu denken fähig sey, diejenigen verfolgt haben, welche der Meinung des weisen Loke beyfielen, und die nicht verwegen genug waren, die Allmacht Gottes dahin einzuschränken, daß er bloß einen Hauch beleben könne. Allein, wenn die ganze Welt glaubte, daß die Seele ein leichter Körper, ein Hauch, eine Substanz des Feuers sey, wäre es darum billig gewesen, diejenigen zu verfolgen, welche lehrten, daß die

die Seele ein unkörperliches Wesen sey? Alle Kirchenväter, welche glaubten, daß die Seele ein subtiler Geist sey, hatten sie das Recht, die andern Lehrer zu verfolgen, die den Menschen die Idee einer völligen Immaterialität der Seele beybrachten? — Gewiß nicht, denn alles, was Verfolgung heißt, ist an und für sich abscheulich! Darum sollen die, welche eine vollkommene Unkörperlichkeit zulassen, ohne sie zu begreifen, diejenigen dulden, welche sie verwerfen, aus dem Grund, weil sie selbe ebenfalls nicht begreifen. Diejenigen, welche Gott die Macht absprechen, das unbekannte Wesen, welches sich Materie nennet, beleben zu können, sollen ebenfalls diejenigen ertragen, welche sich nicht getraut haben, diese Gewalt Gottes zu beschränken, denn es ist wahrhaftig sehr indiskret, sich eines Sillogismus wegen zu hassen.

XXX.

XXX.

Was hab' ich nun bisher gelernt?

Da ich also mit mir und dem Locke zusammenrechnete, fand ich, daß nun mein ganzer Reichthum in vier bis fünf Wahrheiten bestehe, dafür aber mein Hirn von hundert Irrthümern frey, und mit unzähligen Zweifeln angefüllet sey. — In der Folge sagte ich zu mir, selbst diese wenigen Wahrheiten, dazu mir meine Vernunft verholfen hat, werden unter meinen Händen nur sehr schlecht gedeihen, und mir wenig Nutzen schaffen, wenn ich sie nicht dazu verwende, um daraus einige Gründe der Moral herzuleiten. Es ist allerdings löblich, wenn sich ein so armseliges Thier, wie der Mensch ist, bis zur Erkenntniß des grossen Werkmeisters der Natur erhebet; doch wird mir dieses nicht nützlicher seyn, als die Wissenschaft der Algebra, wenn ich daraus nicht gewisse Regeln für den Plan meines Lebens ziehe.

XXXI.

XXXI.

Giebt es eine Moral?

Ich habe allerley Menschen gesehen, die durch das Klima, ihre Sitten, ihre Sprache, ihre Kultur, und nach ihren Geisteskräften ganz verschieden waren, doch hab' ich gefunden, daß sie alle in dem Grunde der Moral miteinander übereinkommen. Sie hatten alle eine ungebildete Kenntniß von der Billigkeit und Unbilligkeit, ohne nur ein Wort von der Theologie zu wissen. Sie hatten alle diese Kenntniß in dem Alter überkommen, da die Vernunft sich entwickelt, wie sie die Natur gelehret hat, eine Last mit Stäben aufzuheben, und auf einem Stück Balken über einen Bach zu setzen, ohne jemals die Mathematik studirt zu haben.

Es hat mir daher geschienen, daß ihnen diese Idee vom Recht und Unrecht nothwendig sey, weil alle, sobald sie handeln und raisonni-

ten konnten, auf diesem Punkt zusammen⸗
traffen. Es hat demnach der höchste Verstand,
der uns gebildet hat, gewollt, daß es ein Ge⸗
setz der Billigkeit auf Erden geben soll, damit
wir auf selber durch eine gewisse Zeit leben
können. Ich glaube, daß von den Menschen,
die keinen Instinkt haben sich zu ernähren, wie
die Thiere, und keine natürlichen Waffen, die
durch mehrere Jahre als Kinder in aller
Schwächlichkeit aufwachsen, und allen mög⸗
lichen Gefahren ausgesetzt sind, die wenigen
welche übrig bleiben, und nicht entweder von
wilden Thieren aufgefressen, oder durch Hun⸗
ger, oder durch sonst ein Elend umkommen
würden, sich beschäftigen müßten, einander
ihre Nahrung, oder einige Thierhäute streitig
zu machen, und daß sie sich ungezweifelt,
gleich den Kindern, die aus dem Drachen des
Kadmus entstunden, einander aufreiben wür⸗
den, sobald sie sich nur einiger Waffen bedie⸗
nen könnten. Ebensowenig würde irgend eine
Gesellschaft bestehen, wenn die Menschen nicht

die

die Idee von irgent einer Billigkeit erhalten hätten, als welche das Band jeglicher Gesellschaft ist.

Wie hätte der Egipter, der die stolzen Pyramiden und Obelisken errichtete, und der herumirrende Szythe, der nicht einmal eine Hütte kennete, wie hätten sie beyde die nämlichen Grundgesetze des Rechts und Unrechts anerkennen können, wenn Gott nicht einem wie dem andern zu aller Zeit diese Vernunft verliehen hätte, die, da sie sich entwickelte, ihnen diese nothwendigen Gesetze bekannt machte, so wie er ihnen Organe gab, die, nachdem sie den eigentlichen Grad ihrer Stärke erhalten, zu allen Zeiten nothwendig den Szythen und Egipter bilden? Wie hätte eine barbarische, unwissende, abergläubische Horde, ein blutgieriges und wucherndes Völklein, das in seiner rohen Sprache nicht einmal eigenthümliche Worte hatte, um gewisse Begriffe in der Geometrie und Astronomie aus-

zu-

zubrücken, mit den weisen Chaldäern die nämlichen Grundgesetze haben können, die den Lauf der Gestirne kannten, und mit den noch weiseren Phöniziern, die sich der Sternkunde bedienten, um an die Gränzen der Hemisphere ihre Kolonien zu verpflanzen, wo der Ozean sich mit dem Mittelländischen Meere vereiniget. Alle diese Völker bestättigen, daß man Vater und Mutter in Ehren haben müsse, daß der Meineid, die Verläumdung, der Tödtschlag verabscheuungswürdig seyen. Sie zogen daher alle die nämlichen Folgen aus dem nämlichen Grund ihrer entwickelten Vernunft.

XXXII.

Wirklicher Nutzen. Kenntniß der Gerechtigkeit.

Die Erkenntniß einer gewissen Billigkeit scheinet mir so natürlich, so allgemein in allen Menschen zu liegen, daß sie unabhängig von jedem Gesetze, jedem Vertrag und jeder Religion ist. Wenn ich von einem Türken, von einem Gueber, von einem Malabarer das Geld zurückfodere, welches ich ihm geliehen habe, um sich ernähren und kleiden zu können, so wird es ihm niemals beyfallen mir zu antworten: ich weiß, daß ich schuldig bin, Euch Euer Geld zurückzugeben, wenn es mich Mahomet, Zoroaster, oder Brama heissen würde. Es ist seine Pflicht, daß er dem Recht nach handle, und mich bezahle; und thut er's nicht, so ist entweder seine Armuth, oder sein Geiz Schuld daran, welche die Billigkeit aufwiegen, die er anerkennet.

Es

Es ist ausgemacht, daß es kein Volk giebt, bey dem es billig, löblich, geziemend und anständig wäre, seinem Vater oder seiner Mutter den Unterhalt zu versagen, wenn man ihnen denselben geben kann.

Ausgemacht ist es, daß nie ein Volk die Verläumbung für eine gute und schöne Handlung habe halten können, so wenig als eine Gesellschaft fanatischer Bigoten.

Der Begriff von Recht und Billigkeit scheinet mir so sehr eine Wahrheit vom ersten Range zu seyn, der die ganze Welt beystimmet, daß ich glaube, daß die größten Schandthaten und Grausamkeiten, die jemals die menschliche Gesellschaft bedrückten, alle unter dem falschen Vorwande von Recht und Billigkeit verübet wurden. Die größte Unmenschlichkeit, die verderblichste, und folglich diejenige, die dem Zwecke der Natur am meisten zuwider ist, ist unstreitig der Krieg; allein immer wird

wird der angreifende Theil der Welt sonnenklar darthun, er sey weit von aller Gewaltthätigkeit entfernt, und nur die liebe Gerechtigkeit habe ihm die Waffen in die Hand gegeben.

Die Römischen Räuber liessen alle ihre gerechten Angriffe durch ihre Priester, Feziales genannt, erklären.

Jeder Strassenräuber, der sich an der Spitze eines Heeres befindet, beginnet seine rasende Wuth mittels eines Manifests, und rufet den Kriegsgott um Beystand und Glück an.

Eben so sagen die kleineren Räuber und Diebe, wenn sie verbunden sind, unter einander: Kommt, lasset uns die Wittwen und Waisen ausplündern! Kommt, laßt uns billig seyn, laßt uns unser Eigenthum den Reichen abnehmen, die sich desselben bemächtiget haben! Sie haben unter sich ein Wörterbuch,

das

das im sechszehenden Jahrhundert gedruckt wurde, und betitelt ist, die Schule der Zän=
tereyen; in diesem werdet ihr die Wörter, Diebstahl, Plünderung, Raub vergebens aufsuchen; sie bedienen sich dafür anderer, die viel ehrbahrer klingen, als Erwerbung, Industrie, Gewinn, u. d. gl.

Ihr werdet das Wort Ungerechtigkeit nie=
mals in einem Staatsrath aussprechen hören, in dem man die abscheulichsten und ungerechtesten Mördereyen beschlossen hat; die blutgierigsten Verräther haben niemals gesagt: Kommt, wir wollen eine Lasterthat verüben. Alle sagten vielmehr: Kommt, laßt uns unser Vaterland rächen, laßt es uns von der schändlichen Un=
terdrückung des Tirannen befreyen, laßt uns ein Verfahren bestraffen, das uns ungerecht scheinet. Mit einem Wort, die elendesten Schmeichler, die unmenschlichsten Minister, die verruchtesten Rebellen, die gierigsten und ungerechtesten Räuber, haben wider ihren Willen

Willen der Menschheit ihre geheiligten Rechte einräumen müſſen, zur nämlichen Zeit, als ſie dieſelbe unter ihre Füſſe tratten.

Ich war immer höchſt erſtaunt darüber, daß man bey den Franzoſen, die ſonſt ſo aufgeklärt und geſittet ſind, jene eben ſo gräuliche als falſche Maximen auf das Theater bringen durfte, wie in der erſten Szene des Pompejus, die noch weit verwegner ſind als beym Lukan, von dem ſie nachgeahmet ſind:

„Gerecht und menſchlich ſeyn, ſchickt ſich zu
 keiner Krone;
Des Königs einzig Recht iſt, daß er nichts
 verſchone!“

und dieſe abſcheulichen Worte werden von dem Photin, dem Miniſter des jungen Ptolomeus, vorgebracht. Allein, dieſes iſt unumgänglich nothwendig, weil er ein Miniſter iſt, und folglich alles verkehrt thun und reden muß;
er

er muß daher auch den Tod des Pompejus als ein nothwendiges und gerechtes Schicksal vorstellen.

Ich glaube demnach, daß die Begriffe von Recht und Unrecht eben so klar, eben so allgemein sind, wie die Begriffe von der Gesundheit, und der Krankheit, der Wahrheit, und der Falschheit, dem Anständigen, und dem Unanständigen. Die Gränzen vom Recht und Unrecht sind äusserst schwer zu bestimmen, so wie der Mittelstand zwischen der Gesundheit und Krankheit, zwischen dem Anständigen und Unanständigen, zwischen der Wahrheit und Falschheit sehr schwer festzusetzen ist. Dieses sind Nüanzen, welche sich vermischen, allein die hellen Farben davon fallen doch jedermann besonders in die Augen. Zum Beyspiel, jedermann weiß, daß man zurückgeben müsse, was man entlehnet hat; allein, wenn ich gewiß weiß, daß der, dem ich zwey Millionen schuldig bin, sich dieses Geldes, wenn ich es ihm zurückbezahle, zum Nachtheil meines Vaterlandes bedienen wird, bin ich da verbunden, ihm diese verderblichen Waffen wider selbes in die Hand zu geben? Seht, wo die Meinungen sich zu theilen anfangen: Uiberhaupt aber muß ich den Eid halten, so oft nichts Böses daraus entsteht; und daran soll und kann niemand zweifeln.

XXXIII.

Gilt die allgemeine Uibereinstimmung für einen Beweis der Wahrheit?

Man wird mir einwerfen können, daß die Uibereinstimmung der Leute zu allen Zeiten, und aus allen Ländern kein gültiger Beweis für die Wahrheit sey. Alle Völker haben an Zaubereyen, Beschwörungen, Gespenster, Erscheinungen, auf den Einfluß der Gestirne, und an hundert derley Dummheiten geglaubt. Kann es sich mit dem Glauben an Billigkeit und Unbilligkeit nicht eben so verhalten?

Ich bin keineswegs dieser Meinung. Denn erstlich ist es falsch, daß alle Menschen an derley Schimären geglaubt haben. Wahr ist es, daß sie für den Pöbel ein Gericht waren, ganz nach seinem Geschmacke, und bekanntlich giebt es einen pöbelhaften Pöbel, und einen vornehmen Pöbel. Die Weisen haben sich von jeher über diese Thorheiten lustig gemacht; allein sie haben im Gegentheil immer ein Recht und Unrecht zugelassen, so bestimmt, ja bestimmter noch als der Pöbel.

Auch ist dieser Glaube an Hexen, Geister u. s. w. dem Menschengeschlecht bey weitem nicht nothwendig; allein der Glaube an Recht und Unrecht ist ein absolut nothwendiger Glaube; denn er ist eine Entwicklung der Vernunft, mit der uns Gott begabet hat, da hingegen die Begriffe von Hexen, Besessenen u. d. gl. vielmehr eine Verkehrung der Vernunft sind.

———

XXXIV.

XXXIV.

Wider den Loke.

Hat sich der grosse Loke, der mich unterrichtete, der mich, auf mich selbst mißtrauisch zu seyn, belehrte, hat er sich nicht manchmal so gut wie ich betrogen? — Er will erweisen, daß es ein Irrthum sey, angebohrne Ideen zuzulassen, allein fügt er nicht zu seinen sehr guten Gründen einen sehr unzureichenden hinzu? Er bekennet, daß es keineswegs recht gethan sey, seinen Nächsten in einem Kessel zu sieden, und zu essen. Indessen sagt er, daß es Menschenfresser gegeben habe, und daß diese denkenden Wesen ihr Geschlecht nicht essen würden, wenn sie Begriffe von Recht und Unrecht hätten, welche ich als nothwendig für das menschliche Geschlecht voraussetze. (Sehet den XXXVI. §.)

Ohne mich hier in eine Untersuchung einzulassen, ob es wirklich eine Nation von Menschenschenfressern gegeben hat, ohne die Nachrichten von des Dampier Reisen zu untersuchen, der ganz Amerika durchwandert ist, ohne irgendwo solche Leute anzutreffen, der im Gegentheil von allen Wilden mit der größten Leutseligkeit ist aufgenommen worden, — seht, was ich hierauf antworte:

Die Uiberwinder hatten ihre Sklaven aufgefressen, die sie im Kriege gemacht hatten; sie haben geglaubt, daß sie daran sehr billig thäten; sie haben geglaubt, sie hätten über selbe das Recht des Lebens und des Todes; und da sie wenig gute Gerichte auf ihren Tafeln hatten, so glaubten sie, daß sie die Früchte ihrer Siege als einen Nahrungszweig ansehen dürften. Sie waren in diesem Stücke weit billiger als die triumphirenden Römer, die ohne irgend einen Nutzen darauszuziehen die gefangenen Fürsten erwürgen ließen, nachdem sie selbe an ihren Wägen zur Schau herumgeschleppet hatten. Ich geb' es zu, daß beyde,
die

die Römer und die Wilden, sehr schlechte Begriffe von Billigkeit und Unbilligkeit hatten, indessen glaubten doch die einen wie die andern, daß sie recht gethan hätten; und es ist weltbekannt, daß ebendiese Wilden, wenn sie ihre Gefangene in ihre Gesellschaft aufnahmen, dieselben wie ihre Kinder hielten; so wie eben diese alten Römer die bewunderungswürdigsten Beyspiele von Gerechtigkeit ausgeübet haben.

―――

XXXV.

XXXV.

Wider den Loke.

Ich bin der Meinung des gelehrten Loke, daß es keine angebohrne Kenntniß, kein Prinzipium einer angebohrnen Praktik gebe. Diese Wahrheit ist so ausgemacht, als es evident ist, daß alle Kinder eine Erkenntniß von Gott haben würden, wenn sie mit dieser Idee zur Welt kämen, und daß alle Menschen in dieser Erkenntniß übereinstimmen würden, welche Uibereinstimmung man noch nicht gesehen hat. Es ist nicht weniger evident, daß wir mit keinen entwickelten Grundsätzen der Moral gebohren werden, denn es würde sich sonst nicht erklären lassen, wie eine ganze Nation irgend ein Gesetz der Moral verwerfen könnte, welches in das Herz jedes einzelnen Individuum dieser Nation gegraben wäre.

Wenn ich glaube, daß wir alle mit einem entwickelten Gesetz der Moral gebohren sind, welches verbietet, daß man niemanden seiner Denkart wegen verfolgen soll; wie hat man demungeachtet ganze Nationen dieserwegen verfolgen können? Wenn ich glaube, daß jedem Menschen deutlich in das Herz geschrieben sey, daß er seinen Eid unverbrichlich halten müsse, wie können alle Menschen in gesellschaftlicher Vereinigung beschlossen haben, daß man den sogenannten Ketzern sein Wort nicht halten dürfe? Ich wiederhole es, daß uns Gott statt dieser eingebildeten angebohrnen Ideen eine Vernunft gegeben hat, die sich mit den Jahren verstärket, und die uns alle lehret, wenn wir aufmerksam auf sie, und ohne Leidenschaft und ohne Vorurtheil sind, daß es einen Gott giebt, und daß wir gerecht seyn sollen; allein ich kann darum dem Loke die Folgerung nicht zugeben, die er daraus zieht. Er scheinet sich in diesem Stücke ganz dem Sistem des Hobbes zu nähern, von dem er sonst soweit entfernet ist.

Leset

Leſet hier, was er im erſten Buche vom menſchlichen Geiſt ſaget: „Betrachtet eine Stadt, welche belagert wird, und bemerket, ob in den Herzen der Soldaten, die die Begierde nach einem Blutbade und nach Beuthe beſeelet, irgend ein Funke von Tugend lodert, irgend ein Geſetz der Moral, oder auch nur die mindeſten Gewiſſensbiſſe über alle die Ungerechtigkeiten, die ſie verüben, Platz findet?“ — Gewiß kennen ſie dieſe Gewiſſensbiſſe nicht; und warum nicht? Aus keiner anderen Urſache, als weil ſie nach der ſtrengſten Gerechtigkeit zu handeln glauben. Keiner ſetzet von Seite ſeines Fürſten, für den er ſich ſchlägt, eine Ungerechtigkeit voraus; ſie wagen kühn ihr Leben für die Billigkeit ſeines Handels, und gehen den Weg fort, den ſie angefangen haben. Wenn ſie demnach in der Belagerung umkommen, ſo wiederfährt ihnen das, wozu ſie ſich gegen jeden ihrer Feinde befugt glauben; wenn ſie geplündert werden, ſo waren ſie dazu eben ſo bereitwillig. Setzet

hinzu,

hinzu, daß die Wuth, die Raserey sie trunken mache, und verhindere, sich ihrer Vernunft zu bedienen; und um euch die Probe zu machen, daß sie nichts weniger als den Begriffen von Recht und Unrecht entsaget haben; so setzet eben diesen Soldaten ungleich mehr Gold und Schätze vor, als sie nimmer durch die Ausbeutung dieser Stadt erhalten können, beyweitem schönere Mädchen, als die waren, die sie geschändet haben, mit der Bedingniß, daß sie, statt in ihrer Wuth drey oder vier tausend Feind zu erwürgen — die ihnen überdieß noch Widerstand leisten, und von denen sie ein gleiches zu besorgen haben — dieses dafür an ihrem König, ihrem Kanzler, ihren Staatssekretären, ihren Groß-Allmosengebern verüben sollen, es wird sich nicht einer darunter finden, der dieses Anerbieten nicht mit Entsetzen verwerfen sollte. Indessen schlaget ihr ihnen doch statt vier tausend Morden nur sechse vor, und bietet ihnen überdieß noch eine allerdings ansehnliche Belohnung an. Warum

I ver-

verwerfen sie eure Anträge? Sicher rührt es daher, weil sie es für rechtmässig halten, drey bis vier tausend Feinde zu erschlagen, der Mord eines Souverainen aber, dem sie durch Eide verpflichtet sind, ihnen verabscheuungswürdig scheinet.

Loke fährt fort, und um noch mehr zu beweisen, daß uns keine Regel der Praktik angebohren sey, so redet er von den Mingrelinen, die sich ein Spiel daraus machen, ihre Kinder lebendig einzugraben, und von den Karaiben, die dieselben verschneiden, damit sie um so mehr anwachsen, und demnach desto ausgiebiger zur Mahlzeit sind.

Man hat schon anderswo angemerkt, daß dieser grosse Mann in Nacherzählung dergleichen Fabeln sich gar zu leichtgläubig bewiesen hat: Lambert, der der einzige war, der den Mingrelinen dieses unmenschliche Vergnügen, ihre Kinder lebendig einzugraben,

zur

zur Last legte, ist eben nicht der glaubwürdigste Schriftsteller.

Chardin, der als ein allerdings wahrheitliebender Reisebeschreiber bekannt ist, und der selbst in Mingrelien ausgelöset wurde, würde sicher von diesem unnatürlichen Gebrauch reden, wenn selber ausgeübet würde; aber auch alsbann würde diese Erzählung noch für keinen Beweis gelten; denn um ein so seltnes Faktum zu beglaubigen, und es als eine historische Gewißheit annehmen zu können, wäre es nothwendig, daß zwanzig Reisende von verschiedenen Nationen und Religionen selbes bestättigten.

Eben diese Beschaffenheit hat es mit den Weibern der Antillischen Inseln, die ihre Kinder verschneiden um sie zu essen; diese Grausamkeit liegt nicht in der Natur einer Mutter.

Das menschliche Herz ist nicht also geschaffen: Kinder verschneiden, ist eine sehr häkliche und sehr gefährliche Operation, und es müßte zum mindesten ein ganzes Jahr verfliessen, bis sie fett genug angewachsen wären, und wie leicht würden sie während dieser Zeit zu Grunde gehen. So viel Rafinement muß man bloß bey den Grossen suchen, die, durch die Ausschweifungen ihrer Wohllüste und durch ihre Eifersucht verleitet, darauf verfallen sind, ihre Weiber und Huren durch Verschniedene bedienen zu lassen. Diese löbliche Gewohnheit konnte nur der heilige Vater in Rom nachahmen, damit er zur Ehre Gottes in seiner Kapelle verstümmelte Jungen singen hören möchte, derer Stimmen noch weit feiner und lieblicher klängen, als die der reinsten Mädchen-Kehlen. Allein in den Antillischen Inseln ist es nicht wohl vorauszusetzen, daß die Wilden rafiniret haben sollen, ihre ärmen Jungen zu verschneiden, um sich ein Leker-Gericht daraus zu machen; und hernach, was hätten sie

sie denn mit ihren kleinen Mädchen angefangen?

Der gute Loke, der damit nicht zufrieden ist, führet sogar die Heiligen aus der
Mahometanischen Religion an, die sich in aller
Frömmigkeit mit ihren Eselinnen begatteten,
damit sie nicht in Versuchung kommen möchten, etwann mit den Weibern ihres Landes
Unzucht zu treiben. Diese Erzählungen gehören mit zu dem Märchen von dem Papagey,
der mit dem Prinzen Moriz in Brasilianischer
Sprache so artig soll konversirt haben; welche
Unterredung der leichtgläubige Loke nacherzählt,
ohne zu bedenken, daß der Dolmetsch des Prinzen vermuthlich mit ihm habe einen Spaß
machen wollen. Dieses ist gerade soviel, als
wenn der Verfasser des Geists der Gesetze
die vermeinten Gesetze des Tunquin, Bantam,
Borneo, Formosus anzuführen beliebt auf
Treu und Glauben einiger Reisebeschreiber,
die entweder gelogen haben, oder doch sehr

I 3   schlecht

schlecht unterrichtet waren. Loke und jener sind beyde grosse Männer, allein ihre Leichtgläubigkeit in diesen Stücken ist nicht zu entschuldigen.

XXXVI.

XXXVI.

Die Natur ist sich allenthalben gleich.

Indem ich hierin von der Meinung des Loke abweiche, sag' ich mit dem groſſen Newton: Die Natur ist sich allenthalben gleich — Natura est semper sibi consona. Das Geſetz der Schwere, das auf ein Geſtirn wirkt, wirkt auf alle Geſtirne, wirkt auf jegliche Materie. Gleichergeſtalt wirkt das Hauptgeſetz der Moral auf alle bekannten Nationen auf die nämliche Weiſe. Dieſes Geſetz iſt zwar in ſeiner Auslegung tauſendfach verſchieden, in tauſend verſchiedenen Umſtänden nämlich; allein der Grund iſt immer der nämliche, und dieſer Grund iſt der Begriff des Guten und Böſen. Man übt im Sturm der Leidenſchaften ganz auſſerordentliche Ungerechtigkeiten aus, ſo wie man durch Trunkenheit die Vernunft verliehret. Allein, wenn dieſe Trunkenheit vorüber iſt, kömmt die Vernunft wieder zurück; und dieses ist meiner Meinung nach die einzige Ursache, welche die menschliche Gesellschaft bestehen macht, die Ursache, welche aus dem Bedürfnisse entspringt, das dem Menschen den Menschen unentbehrlich macht.

Woher haben wir die Begriffe von dem, was recht ist, erhalten? So wie wir die Begriffe von Klugheit, von Wahrheit, vom Anständigen durch die Empfindung und Vernunft erhielten. Es ist unmöglich, daß wir die Handlung eines Menschen nicht für unvorsichtig halten sollten, der sich ins Feuer stürzen wollte, um Bewunderung zu erregen, aber zugleich hoffend, daß er daraus entkommen dürfte. Es ist unmöglich, daß wir die Handlung eines Menschen nicht äusserst ungerecht finden sollten, der einen andern im Zorne ermordet hat. Die Gesellschaft gründet sich auf nichts, denn jene Kenntnisse, die man nie aus unserm Herzen reissen wird; und eben daher kömmt es, daß jede Gesellschaft durch einen bizarren und schrecklichen Aberglauben besteht, durch den sie unterjocht wird.

In welchem Alter erkennen wir, was recht und unrecht ist? — In dem Alter, da wir wissen, daß zweymal zwey viere macht.

XXXVII.

XXXVII.

Vom Hobbes.

Tiefdenkender und seltsamer Philosoph! rechtschaffener Bürger, kühner Geist, Feind des Descartes! Der du dich, wie er, betrogen hast; du, dessen Irrthümer in der Physik groß und verzeihlich sind, da du vor dem grossen Newton gekommen bist; du, der du Wahrheiten gesagt hast, die deine Irrthümer nicht aufwiegen; du, der du gezeiget hast, daß die angebohrnen Ideen Schimären sind; du, der du in vielen Stücken der Vorläufer des Loke war'st, und wieder in andern des Spinoza — vergebens suchest du deine Leser dadurch zu bestürzen, da du dich bemühest, ihnen zu beweisen, daß es kein Gesetz in der Welt gebe, als das Gesetz der Konvention; daß es kein Recht, oder Unrecht gebe, als worüber man in einem oder dem andern Lande übereingekommen ist, es also zu nennen. Sage selbst, wenn du dich mit dem Kronwel auf einer

oben

öden Insel befunden hätteſt, und Kronwel dich hätte umbringen wollen, um die Parthey deines Königs auf der Insel von England ergriffen zu haben, würde dir dieses Benehmen nicht eben so ungerecht auf deiner neuen Inſel, als in deinem Vaterlande geſchienen haben?

Du ſagſt, daß nach dem Geſetze der Natur jedweder das Recht auf alles, jedweder das Recht auf das Leben ſeines Gleichen habe. *) Aber vermiſcheſt du nicht das Recht

mit

---

*) „Das Gebäude des Hobbes (heißt es irgendwo) ſieht aus, wie ein Gefängniß, denn es wohnen nur Miſſethäter und Sklaven darinnen. Er ſagt, daß der Menſch der gebohrne Feind des Menſchen iſt — daß der Grund der bürgerlichen Geſellſchaft die Vereinigung aller wider alle iſt — er verlangt, daß die Macht die Geſetze allein mache — daß die Wahrheit ſich nicht darein miſche — er macht keinen Unterſchied zwiſchen der königlichen Würde und der Tirannen.

mit der Gewalt? Kannſt du wohl glauben, daß Gewalt und Macht berechtigen? Glaubſt du, daß es dem jungen und nervolgten Sohne erlaubt ſeyn würde, ſeinen alten und ſchwachen Vater zu ermorden? Jeder, der die Moral ſtudiret hat, muß in ſeinem Herzen dein Buch verwerfen; allein dein eigenes Herz hatte es ſchon lange vorher widerlegt; denn du warſt tugendhaft, wie Spinoza, und dir, wie ihm, iſt nichts vorzuwerfen, als daß ihr die Grund= ſätze der Tugend nicht lehrtet, die ihr ausge= übet, und andern anempfohlen habet.

XXXVIII.

ney. Die Gewalt macht bey ihm alles aus. Es giebt zwar in einigen ſeiner Ideen etwas Wahres, aber ſeine Irrthümer haben mich ſo ſehr abgeſchreckt, daß ich, wenn ich ſein Werk de cive leſe, weder als Bürger in ſeiner Stadt wohnen, noch von ſeinem groſſen Thier Leviathan gefreſſen ſeyn mag."

XXXVIII.

Allgemeine Moral.

Die Moral scheinet mir so allgemein, so genau von dem allgemeinen Wesen, das uns gebildet hat, vorgezeichnet, so ganz dazu bestimmt zu seyn, zum Gegengewicht unserer Leidenschaften zu dienen, und uns die unvermeidlichen Mühseligkeiten dieses kurzen Lebens zu erleichtern, daß ich finde, daß vom Zoroaster an, bis auf den Lord Shaftersburi alle Philosophen die nämliche Moral gelehret haben, ob gleich ihre Ideen über den Ursprung der Dinge ganz verschieden waren. Wir haben gesehen, daß Hobbes, Spinoza, Bayle, die entweder die ersten Grundursachen geläugnet, oder aber bezweifelt haben, demungeachtet die Gerechtigkeit und alle Tugenden auf das nachdrücklichste anempfohlen haben.

Jede Nation hatte ihre eigenen und besondern Religionsgebräuche, und sehr oft die
ab=

abgeschmackteſten, und empörenteſten Meinungen in der Methaphyſik und Theologie. Allein hier kömmt es darauf an, zu wiſſen, ob man gerecht ſeyn müſſe. Alle Welt kömmt hierinn übereins, wie im XXXVI. Paragraph geſagt habe, und wie man nicht oft genug wiederholen kann.

XXXIX.

XXXIX.

Vom Zoroaster.

Ich will mich nicht mit der Untersuchung abgeben, um welche Zeit Zoroaster gelebet hat, den die Persianer von neun tausend Jahren her zu seyn glaubten, welches Plato ebenfalls von den alten Athenienseru dafürhielt. Mein Gegenstand sind bloß seine Grundsätze der Moral, die sich bis zu unsern Zeiten erhalten haben. Sie sind aus der alten Sprache der Magier in die gemeine der Gueber übertragen worden, und es läßt sich aus den kindischen Beziehungen und Allegorien, aus den lächerlichen Gebräuchen, und aus den fanatischen Begriffen, mit welchen diese Sammlung angefüllet ist, schliessen, daß die Religion des Zoroaster aus dem entferntesten Alterthume her sey. So findet man z. B. darinnen, daß durch das Wort Garten die Belohnung der Gerechten ausgedrückt wird; man findet daselbst die Welt durch sechs Jahresabwechselungen oder

Zei-

Zeiten vergebildet. Es war darinnen verordnet, für die Abgeschiedenen ein Abunavar und ein Ashim vuhu herzusagen.

Allein, welche herrliche moralische Pflichten enthält nicht diese Sammlung von hundert Sätzen oder Gebothen, die aus dem Buche Zend gezogen sind, und mit den eigenen Worten des ehrwürdigen Zoroaster angeführet werden?

Wie im 30. Gebothe: Daß man Vater und Mutter lieben, und ihnen zu Hilf kommen müsse; daß man den Armen Almosen geben, sein zugesagtes Wort halten, und keine Handlung begehen soll, so lange man zweifelt, ob sie gut oder böse sey.

Ich schränke mich ganz auf dieses Geboth ein, denn kein Gesetzgeber hat je etwas Höheres gebiethen können; und ich bestättige mich in der Idee, daß so einen lächerlichen
Gottes-

Gottesdienst auch Zoroaster eingesetzet, so sehr er ihn auch mit Aberglauben vermischet hat, so hell leuchtete doch die Reinigkeit der Moral herfür, die sich durch denselben nicht beflecken ließ; daß, so viele Irrthümer sich auch unter seinen Glaubenssätzen befinden, so unmöglich sey es ihm doch gewesen zu fehlen, indem er die Tugend lehrte.

XL.

Von den Braminen.

Die Braminen, oder Brachmanen, exiſtirten lange zuvor, als die Chineſer ihre fünf Könige hatten; die Wahrſcheinlichkeit davon ſuchte man dadurch zu beweiſen, weil man in China die ſeltenſten Indianiſchen Alterthümer fand, in Indien aber von Chineſiſchen Alterthümern durchaus nichts anzutreffen war.

Dieſe alten Braminen waren ohne allen Zweifel ebenſowohl die ſchlechteſten Methaphyſiker, und die lächerlichſten Theologen, als die Chaldäer, Perſer, und alle übrigen Nationen, die ſich im Orient von China befinden. Allein, welche Erhabenheit in ihrer Moral! Nach ihrer Meinung iſt das Leben nichts weiter, als ein Tod von einigen Jahren, nach welchem man mit der Gottheit leben wird. Sie waren nicht zufrieden, daß ſie gegen andere gerecht waren, ſie waren gegen ſich ſelbſt

äuſſerſt

äusserst strenge; Ihre vorzüglichsten Pflichten waren das Stillschweigen, die Enthaltsamkeit, anhaltende Betrachtungen, und eine gänzliche Aufopferung aller Vergnügungen. Daher kamen auch alle Weisen aus andern Ländern zu ihnen, um von ihnen zu erlernen, was man die eigentliche Weisheit nennet.

XLI.

Vom Konfucius.

Man konnte die Chineser niemals wie die andern Völker des Aberglaubens und der Scharlatanerie beschuldigen. Die Chinesische Regierung zeigte den Menschen schon vor weit mehr als vier tausend Jahren, und zeiget ihnen noch heut zu Tage, daß, um sie zu regieren, es nicht nöthig sey, sie zu betrügen; nicht nöthig, durch Betrug und Lügen dem Gott der Wahrheit zu dienen; daß der Aberglaube nicht nur unnütz, sondern der Religion sogar schädlich sey. Nirgend wurde Gott mit so reinem Herzen, mit solcher Heiligkeit verehret, als in China — wo man der Offenbarung am nächsten kam. Ich rede nicht von den Sekten des Volks, ich rede von der Religion der Fürsten, der Richter, und aller, die nicht zum Pöbel gehören. Worinn bestand die Religion aller gebildeteren Menschen in China seit so viel Jahrhunderten? Bethet den
Him-

Himmel an, und seyd gerecht! Kein Kaiser hatte daselbst eine andere Religion.

Man zählet den grossen Konfucius unter die alten Gesetzgeber und Religionsstifter; dieses scheinet mir sehr verkehrt zu seyn. Konfucius ist sehr neuerlich, er lebte nicht eher als sechshundert fünfzig Jahre vor der Christlichen Zeitrechnung. Er hat nie einen Gottesdienst, nie einen Ritus eingesetzt; er hat sich nie für einen Inspirirten, oder einen Propheten ausgegeben, er hat nichts mehr gethan, als die alten Gesetze der Moral gesammelt, und in ein Ganzes gebracht.

Er ermahnet die Menschen, daß sie der Unbilden vergessen, und sich nur der Wohlthaten erinnern sollen.

Daß man ohne Unterlaß sich selbst beobachten, und mit jedem neuen Tage die Fehler und Thorheiten des vorhergehenden ablegen soll.

Daß man seine Leidenschaft unterdrücken, und sich der Freundschaft weihen soll. Daß man ohne Hochmuth geben, aber nur in der äussersten Noth, ohne Niederträchtigkeit, annehmen soll.

Er hat nicht gesagt, daß wir andern nicht thuen sollen, was wir selbst nicht wollen, daß sie uns thäten : dieses heißt nur gegen das Böse sich sicherstellen. Er hat mehr gethan; er hat das Gute anempfohlen : Thuet anderen, was ihr wollet, daß sie euch wieder thuen sollen!

Er lehrte nicht nur die Eingezogenheit, sondern auch die Demuth, er empfahl alle Tugenden.

XLII.

XLII.

Von den Griechischen Philosophen, vorzüglich vom Pythagoras.

Alle Griechischen Philosophen haben die abgeschmackteſten Sätze in der Metaphyſik vorgebracht, aber alle haben in der Moral vortreffliche Lehren gegeben. Alle glichen dem Zoroaſter, dem Konfucius, den Braminen. Leſet allein die goldenen Sprüche des Pythagoras; ſie ſind der Inbegriff ſeiner Lehre, und es liegt wenig daran, von weſſen Hand ſie ſind. Allein ſagt mir, ob nur eine einzige Tugend darinnen vergeſſen iſt?

———

XLIII.

Vom Zaleukus.

Vereiniget doch alle eure Gemeinplätze, ihr Prediger aus Griechenland, Italien, Spanien, Teutschland, Frankreich, u. s. w. Lasset alle eure Deklamationen distilliren, und wir wollen sehen, ob der Extrakt davon reiner und geistreicher ist, als der Eingang der Gesetze des Zaleukus? „Beherrschet eure Seele, reiniget sie, verbannet alle lasterhaften Gedanken! Glaubet, daß die Bösen Gott nicht dienen können! Haltet nicht dafür, daß er sich wie die einfältigen und eigennützigen Sterblichen durch Lobsprüche und Geschenke verführen lasse: denn die Tugend allein kann ihm gefallen."

Seht hier den Inbegriff der ganzen Moral und aller Religionen.

XLIV.

XLIV.

Vom Epikur.

Die Pedanten aus den Kollegien, und die kleinen Schulmeister aus den Seminarien haben aus einigen kurzweiligen Stellen des Horaz und Petronius geschlossen, daß Epikur durch Grundsätze sowohl als Beyspiele die Wohllust gelehret habe. Epikur war ohne allen Zweifel sein Leben hindurch ein weiser, gerechter und mässiger Philosoph. Schon als ein Knab mit zwölf bis dreyzehn Jahren war er so vernünftig, daß, als ihm sein Lehrmeister den Vers aus dem Hesiodus vorsagte —

„Aus allen Wesen ist das Chaos zuerst
   hervorgebracht worden" —

er denselben befragte: Nun, wer hat es denn hervorgebracht, wenn es das erste aus den Wesen war? Ich weiß davon nichts, versetzte der Gramatiker, diese hohe Wissenschaft sind

allein

allein die Philosophen zu erklären, im Stande.
Ich will mich also bey ihnen unterrichten,
sagte der Knab; und von dieser Zeit an legte
er sich auf die Philosophie bis in sein zwey-
undsiebenzigstes Jahr. Sein Testament, das
uns Diogenes Laentius ganz aufbewahret hat,
zeiget von einer ruhigen und gerechten Seele;
er ließ seine Sklaven los, von denen er glaubte, daß sie es verdienten; und er befahl den
Testamentsvollziehern, daß sie denjenigen die
Freyheit schenken sollten, die sich derselben
würdig machen würden. So war der letzte
Wille des Mannes, der in allen Stücken
menschlich und großmüthig dachte, keinen
Stolz und keinen unbilligen Vorzug kannte.
Er war der einzige aus allen Philosophen,
der alle seine Schüler zu Freunden hatte,
und seine Sekte war die einzige, in der man
sich liebte, und die sich nicht wie die andern
spaltete.

Es scheinet, daß, wenn man seine Lehre, und was hierüber für und dawider geschrieben ward, untersuchet, sich alles auf den Streit zwischen dem Mallebranche und Arnold bezieht. Mallebranche behauptete, daß das Vergnügen glücklich mache, welches Arnold läugnete; dieser Zank war wie gewöhnlich fast alle philosophischen und theologischen Zänkereyen beschaffen, da jede Parthey ihre ungewissen Muthmassungen vorbringt, und um ein Wort ein grosser Lärmen entstehet.

XLV.

XLV.

Von den Stoikern.

Wenn die Epikuräer die menschliche Natur liebenswürdig machten, so vergötterten die Stoiker dieselbe. Der Karakter der ächten Stoiker bestand in einer vollkommenen Uibergabe an das Wesen aller Wesen, oder vielmehr in der Erhebung des Geistes bis zu diesem Wesen, in der Verachtung des Vergnügens, wie der Schmerzen des Lebens, wie des Todes, in einer unbesiegbaren Gerechtigkeit; und alles, was man gegen sie vorbringen könnte, wäre, daß sie die übrigen Menschen muthlos machten.

Sokrates, der nicht von ihrer Sekte war, zeigte, daß es nicht möglich sey, ihre Tugend zu erreichen, wenn man nicht selbst zu ihnen gehörte; und der Tod dieses Märtirers der Gottheit wird den Atheniensern als ein ewiger Schandfleck anhängen, so sehr sie ihn auch bereuet haben mögen.

Von einer andern Seite ist der Stoiker Kato zur Ehre der Römer verewiget. Epiktet in der Sklaverey mag vielleicht den Kato übertroffen haben, dadurch, daß ihn sein Elend nicht unzufrieden zu machen im Stande war. Ich bin, sagte er, an dem Platz, an dem die Vorsehung mich haben will; mich wider mein Schicksal beklagen, hiesse sie beleidigen.

Fast möcht ich sagen, daß Antoninus der Kaiser den Epiktet noch übertroffen hat; denn jenem war es noch beyweitem gefährlicher so vielen Versuchungen zu widerstehen; gefährlicher nicht von dem Weg der Tugend abzuweichen, als diesem armen Menschen nicht zu murren. Doch leset die Gedanken des einen und des andern, und ihr werdet finden, daß beyde, der Kaiser und der Sklav, gleich groß sind.

Darf ich hier den Kaiser Julian anführen? Er fehlte zwar, was die Glaubenslehre be-

betrifft, allein er fehlte keineswegs in der Moral. Mit einem Wort, es hat keinen Philosophen des Alterthums gegeben, der die Menschen nicht besser machen wollte.

Es giebt eine Art Leute unter uns, die zu sagen belieben, alle diese herrlichen Tugenden dieser grossen Menschen sind nichts weiter als berühmte Sünden. Ach! warum ist doch die Welt nicht ganz mit solchen Sündern angefüllet.

XLVI.

XLVI.

Die Philosophie, eine Tugend.

Die Sophisten waren, mit den Philosophen verglichen, was die Affen gegen die Menschen sind. Luzian machte sich über dieselben lustig, man verachtete sie. Sie waren ungefähr von dem Schlage, wie heut zu Tag die Bettelmönche auf den Hohenschulen. Allein man vergesse nicht, daß alle Philosophen grosse Beyspiele von Tugend gegeben haben, und daß selbst die Sophisten wie die Mönche in ihren Schriften die Tugend geehret haben.

XLVII.

Vom Aesop.

Ich zähle den Aesop unter diese grossen Männer, ja ich räum' ihm wohl gar den ersten Platz ein, indem es mir gleichgültig ist, ob er der Pilpay der Indianer, oder noch ein älterer Vorläufer desselben, der Lokmann der Perser, oder Akkin der Araber, oder der Hakam der Phönizier gewesen ist; ich weiß, daß seine Fabeln bey allen orientalischen Nationen berühmt waren, und daß sich der Ursprung derselben in einen Abgrund des Alterthums verliehret.

Wohin zielten diese eben so gelehrten als sinnreichen Fabeln? diese Gleichnisse, die sichtbarlich zu einer Zeit geschrieben zu seyn schienen, da man nicht zweifelte, daß die Thiere ihre Sprache hätten? sie sind auf unser ganzen Hemisphere ausgebreitet und gelehret worden. Sie enthalten keine Sammlung schwül-
stiger

ßigen Sentenzen, die mehr ermüden, als unterrichten. Es ist die Wahrheit, die unter dem angenehmen Kleid der Fabel vorgetragen wird. Alles, was man thuen konnte, war, daß man sie in unsrer neuen Sprache noch einigermaßen auszierte. Der erste Autor hat seine Weisheit nakt und simpel dargestellt. Der naive Schmuck, mit dem man sie in Frankreich bekleidet hat, läßt uns ihren ehrwürdigen Ursprung nicht verkennen. Und was lehren uns alle diese Fabeln? — Daß wir tugendhaft und gerecht leben sollen.

XLVIII.

XLVIII.

Vom Frieden, der durch die Philosophie gebohren ward.

Indem alle Philosophen verschiedene Dogmata lehrten, so ist es klar, daß ein Dogma und die Tugend zwey ganz verschiedene Dinge sind. Ob sie nun geglaubt haben, oder nicht, daß die Thetis eine Göttinn sey; ob sie überzeugt waren, oder nicht, daß die Riesen mitsammen Krieg geführet haben, daß es ein goldenes Zeitalter, eine Büchse der Pandora, und eine Schlange Python gegeben habe, u. s. w. alle diese Artikel haben mit der Moral nichts gemein. Es ist allerdings sehr wunderbar, daß die Götterlehre des Alterthums niemals den Frieden unter den Nationen zerstöret hat.

XLIX.

Fragen.

Ach! wenn wir das Alterthum nachahmen, wenn wir in Ansehung der theologischen Streitigkeiten also verfahren möchten, wie wir in Ansehung der schönen Wissenschaften am Schluß von siebenzehn Jahrhunderten verfahren sind.

Wir sind zu dem Geschmack des der Natur getreuen Alterthums zurückgekehret, nachdem wir uns so lange mit der unverzeihlichen Barbarey unsrer Schulen abgegeben haben. Die Römer waren niemals so widersinnige Leute, daß sie einen Menschen darum verfolgt hätten, weil er einen leeren oder einen vollen Raum zuließ; weil er der Meinung war, daß ein Akzidenz ohne Subjekt nicht bestehen könne; weil er eine Stelle nach seinem Sinn auslegte, die ein andrer in einem ganz verkehrten Verstand nahm.

Wir haben von jeher so oft unsere Zuflucht zur Römischen Rechtsgelehrsamkeit genommen; und so oft wir keine selbsteigene Gesetze haben — welches so oft geschieht — so ziehen wir den Kodex und die Digesten zu Rathe. Warum ahmen wir unsre Lehrmeister nicht auch in ihrer so weisen Toleranz nach?

Was liegt denn einem Staate daran, ob man der Meinung der Realisten, oder Roministen sey, ob man's mit dem Skotus oder Thomas halte, dem Oekolompadius oder Melanchton? Ob man von der Parthey des Bischofs von Ypern *) sey, den man nicht gelesen hat, oder eines Spanischen Mönchs, den man ebenfalls nicht gelesen hat? Ich bin der Meinung, alles dieses kann für das ächte Interesse des Staats so gleichgültig seyn, als ob eine Stelle aus dem Lykophron oder Hesiodus gut oder schlecht übersetzt wird.

L.

---

*) Jansenius, der bis auf das Jahr 1638 daselbst Bischof war.

L.

Andere Fragen.

Ich weiß, daß die Leute unterweilen im Hirn krank sind. Es war ein gewisser Tonkünstler, der als Narr darüber starb, weil seine Musik nicht besonders Beyfall erhielt. Andere haben geglaubt, daß sie eine gläserne Nase hätten, allein, wenn sie nun rasend genug gewesen wären, zu glauben, daß sie immer recht haben müßten, wo könnte man Nießwurze genug hernehmen, sie von ihrer Narrheit zu heilen!

Wenn nun aber solche Kranke, oder Narren, indem sie behaupten, daß sie immer recht haben, alle diejenigen, die verwegen genug seyn sollten, zu glauben, daß sie doch unrecht haben könnten, mit der Lebensstrafe bedroheten; wenn sie aller Orten Spionen ausschickten, ihre Widersacher zu entdecken; wenn sie entschieden, daß auf das Zeugniß seines Sohnes der Vater, auf das Zeugniß der Mutter die Tochter in den

Flam=

Flammen umkommen müsse u. s. w. müßte man die Unsinnigen nicht binden, und mit ihnen verfahren wie mit Tollhäuslern?

LI.

LI.

Unwiſſenheit.

Ihr fraget mich, wozu taugt dieſer ganze Wortkram, wenn der Menſch nicht frey iſt?

Ich erinnere mich nicht geſagt zu haben, daß der Menſch nicht frey iſt; wohl aber hab' ich geſagt, daß ſeine Freyheit in der Macht handeln zu können beſtehe, und nicht in der eingebildeten Macht wollen zu wollen. Ich füge noch hinzu, daß, da alles der Natur unterworfen iſt, die ewige Vorſicht mich dazu prädeſtinirt hat, dieſe Betrachtungen niederzuſchreiben, deren Schickſall ſeyn ſoll, daß ſie fünf oder ſechs Kluge leſen, und daraus Nutzen ziehen, und fünf oder ſechs Dummköpfe, die ſie herabwürdigen werden; und daß ſie unter dem ungeheuern Haufen unnützer Schmiererey en zu Grunde gehen.

Wenn Ihr mir vorwerfet, Ihr habet von mir nichts gelernt, ſo ſeyd ſo gut euch zu erinnern, daß ich gleich Eingangs geſagt habe, ich ſey ein Unwiſſender.

LII.

LII.

Fernere Unwissenheit.

Ich bin so unwissend, daß ich nicht einmal die alten Fakta weiß, die man mir von Kindheit auf erzählet hat. Ich glaube immer, daß ich mich bey sieben bis achthundert Jahren in meiner Zeitrechnung betrüge, wenn ich nachforsche, zu welcher Zeit die alten Helden gelebt haben, die, wie man sagt, in einem sehr weitläuftigen Lande ihre Diebereyen und Räubereyen ausgeübet haben; und jene ersten Weisen, die entweder die Gestirne, oder Fische, oder Schlangen, oder die Todten, oder derley fantastische Wesen anbetheten.

Wer war der, welcher der erste die sechs Gahambars und die Brücke von Tshinavar, und das Dardaroth und die See des Karon ersann? Zu welcher Zeit lebte der erste Bachus, der erste Herkules, und der erste Orpheus?

Das

Das ganze Alterthum ist so dunkel bis auf den Thuzidides und Xenophon, daß ich durchaus nicht ein Wort von alle dem wissen kann, was vor der kurzen Zeit von beyläufig dreytausend Jahren auf dem Planeten, den ich bewohne, vorgegangen ist; und selbst in diesen dreissig Jahrhunderten, welche Dunkelheit! welche Ungewißheit! welche Fabeln!

LIII.

Die größte Unwissenheit.

Meine Unwissenheit ist unbeschreiblich, wenn ich bedenke, daß weder ich noch meine Mitbürger nur das geringste von meinem Vaterlande wissen. Meine Mutter hat mir gesagt, daß ich am Rhein gebohren sey, und ich glaub' es meiner Mutter auf ihr Wort. Ich frage meinen Freund, den gelehrten Apedeutes, der in Kurland gebohren ist, ob er einige Wissenschaft von den alten Nordischen Völkern, seinen Nachbarn habe, und von seinem unglücklichen kleinen Vaterlande? Er sagte mir, er wisse gerade soviel davon, als die Fische vom Baltischen Meere.

Was mich betrifft, so besteht alles, was ich von meinem Vaterlande weiß, in dem, was Jäsar davon sagt; daß es beynahe achtzehnhundert Jahre ist, daß wir Räuber waren, die, ich weiß nicht welcher Gottheit zu Ehren,

Menschen schlachteten, um von selben gutes Glück und Beute zu erhalten, und daß wir niemals einen Zug machten, ohne von einigen alten Hexen begleitet zu seyn, die diese artigen Opfer vollzogen.

Ein Jahrhundert darnach hat Tazitus, der uns niemals gesehen hat, mit einigen Worten unser Meldung gethan: Er betrachtet uns als das ehrbareste Volk auf Gottes weitem Erdboden, denn er sagte, wenn nichts zu stehlen und zu rauben für uns da war, so seyen wir gar friedlich in unsern Hütten gelegen, um uns vom Morgen bis in die Nacht von dickem Biere vollzusaufen.

Von dieser Zeit unsers goldnen Jahrhunderts an, ist in unsrer Geschichte gar eine schreckliche Lücke bis zur Regierung Karls des Grossen. Da ich bis auf diese bekannten Zeiten kam, so fand ich bey dem Goldastus einen Brief dieses weisen Fürsten von Aachen aus datiret, wo er also redet: „Ihr

„Ihr wißt, daß, als ich einst in der Gegend dieser Stadt jagte, ich die Gränzen und den Pallast fand, welche Granus, der Bruder des Nero und des Agrippa, vormals erbauet hat."

Dieser Granus und Agrippa, Brüder des Nero, haben mich belehret, daß der grosse Karl eben so unwissend war, als ich, und dieß ist es, was mich einigermassen tröstet.

LIV.

LIV.

Lächerliche Unwissenheit.

Die Kirchengeschichte meines Landes gleicht der Geschichte des Granus, dem Bruder des Nero und Agrippa; und ist noch beyweitem wunderbarer. Man leset z. B. darinnen von kleinen Jungen, die von Todten erweckt, und von Drachen, die mit einer Stole, wie die Ka͏̈ulnchen mit Schlingen gefangen wurden; von Hostien, welche bluteten, als sie ein Jud mit Messern durchstach; von Heiligen, die, nachdem sie enthauptet wurden, ihren Kopf in der Hand davon trugen, u. d. gl. Allein eine der bewährtesten Legenden unsrer Teutschen Kirchengeschichte ist die des glücklichen Pater Peter von Luxemburg, der in den zwey Jahren 1388 und 89 nach seinem Tode zwey tausend vier hundert Wunder gewirkt hat, und die folgende Jahre darauf drey tausend, darunter man nicht weniger als 42 von Todten Erweckte zählet.

Ich

Ich erkundigte mich, ob denn die übrigen Europäischen Staaten eben so wunderbare und eben so authentische Kirchengeschichten hätten? — und ich fand zu meiner nicht geringen Auferbauung überall die nämliche Weisheit, und die nämliche Zuverläßigkeit. —

VI.